Eidlitz – Der Sinn des Lebens

Der indische Weg zur liebenden Hingabe

Walther Eidlitz

Der Sinn des Lebens

Der indische Weg zur liebenden Hingabe

Meinem Lehrer Sadananda,
der zur Zeit in Europa weilt

Mehr zum Thema *Bhakti-Yoga*:
Francis Kaderli, Suleggstr. 13, CH-3600 Thun
URL: http://www.bhakti-yoga.ch

Der Sinn des Lebens (Erstdruck 1974)

Covergestaltung:
Francis Kaderli, CH-3600 Thun

Umschlagbild:
B.G. Sharma

Herausgeber:
The Vrindavan Institute for Vaishnava Studies and Culture
Vrindavan, India

Herstellung:
Books on Demand GmbH, D-22848 Norderstedt
Printed in Germany

ISBN 3-8311-3112-0

Inhalt

1
Wer bin ich?

Der Mensch ist ein dunkeles Wesen, er weiß nicht, woher er kommt, noch wohin er geht, er weiß wenig von der Welt und am wenigsten von sich selbst.
Goethe

...
...
Es schwinden, es fallen
die leidenden Menschen
blindlings von einer
Stunde zur andern,
wie Wasser von Klippe
zu Klippe geworfen,
jahrlang ins Ungewisse hinab.
Hölderlin

Das verlorene Menschenbild

Noch vor wenigen Jahrhunderten gab es im Abendland ein einheitliches Menschenbild, zusammengewoben aus Judentum und Christentum, Altem und Neuem Testament und griechischer Dichtung und Philosophie.
Nichts ist gewaltiger als der Mensch, läßt Sophokles den Chor in der Antigone rufen.
Der Mensch ist die Krone der Schöpfung. Alle Geschöpfe sind ihm untertan. "Fast machtest Du ihn zu einem Gotteswesen", singt der Psalmdichter.
Die Kirche verkündet: Der Mensch wurde einmal zum Ebenbild Gottes geschaffen. Er hat vom Baume der Erkenntnis gegessen, er hat gesündigt und ist gestürzt. Doch Gott hat sich in Gnade seiner erbarmt und hat seinen eingeborenen Sohn gesandt. Er hat sich geopfert, damit diejenigen, die an ihn glauben, die Hoffnung haben dürfen auf ein Auferstehen des Leibes in der Ewigkeit und ein Leben mit ihm.
Das Menschenbild der Vergangenheit ist dahingeschwunden. Es gibt kein einheitliches Menschenbild mehr in unserer sogenannten Kultur. Der eine sagt: der Mensch ist gut, der andere sagt: der Mensch ist böse. Der Mensch ist nicht besser als das Tier, er ist schlimmer. Er kann Kräfte entfesseln, die ihn und den ganzen Erdball zerstören können, was kein Tier vermag.
Das scheinbar einheitliche Menschenbild vergangener Zeiten hat sich wie in Rauch aufgelöst. Statt seiner sieht man die grauenvollen Auswirkungen menschlichen Tuns. Die Atombomben über Japan waren nur der Beginn einer sich steigernden Entwicklung. Jede Zeitung bringt neue Einzelheiten menschlicher Bestialität.
Der um sich greifenden Verwirrung und immer größeren Unsicherheit über das Wesen des Menschen, dem Hin- und Herschwanken zwischen Beschönigung und vollkommener Verzweiflung entspricht eine nicht minder große Unsicherheit über die Ziele des menschlichen Lebens.
In erbittertem Werben um die Menschenmassen kämpfen die verschiedenartigsten Idealvorstellungen miteinander. Was hier als höchste Tugend angepriesen wird, gilt dort als Übel. Was hier Furcht einflößt, soll dort den Grund der Sicherheit, der Wohlfahrt und des Friedens bilden.
"The American Way of Life", ein Lebensstil, der noch vor wenigen Jahrzehnten auch in Europa als in die Zukunft weisend erlebt wurde und das Bestehen der abendländischen Kultur und Demokratie verbürgen sollte, ist in die Brüche gegangen. "God's own country" hat sich als ein Reich des

Hasses und der Furcht erwiesen. Unter dem Vorwand, die Demokratie auf Erden zu verteidigen, hat die Weltmacht USA, wie wir nun wissen, planmäßig Taten vollbracht, die nur mit dem Geschehen im Hitlerreich vergleichbar sind.

Nach dem Zweiten Weltkrieg hat man in Europa vielfach geglaubt, daß aus dem großen Land im Westen etwas Heilvolles kommen werde und daß man mit den auf dem Schwarzmarkt ergatterten Nylonstrümpfen nicht bloß eine neuartige Ware erhandelt habe; man hat auch geglaubt, daß der auf sich selbst gestellte Mensch, wenn nur die richtigen wirtschaftlichen Bedingungen vorhanden sind, der Schmied seines eigenen Glücks werden könne.

Ähnlich schien die Sowjetmacht in den Augen vieler in die Zukunft zu weisen, selbst wenn die entbehrungsreiche Gegenwart hart und blutig war. Die Doktrin lautete hier, daß mit der Revolution und der Herrschaft des Proletariats ein neuer Menschentypus geboren wird, der sich so grundsätzlich von der alten Menschenart unterscheidet wie der neue Adam der christlichen Vorstellungswelt vom alten Adam. Früher war der Mensch versklavt, und jetzt ist er im Begriff, als Streiter im Klassenkampf ein Diener des arbeitenden Volkes zu werden. Man glaubte auch, der zukünftige Sowjetmensch werde in einem erdumspannenden Reich des Friedens leben. Kriminalität und Armut würden überwunden und alles Unrecht getilgt sein.

Auch hier ist eine weitgehende Ernüchterung nicht ausgeblieben; ebenso wie auf der ganzen Welt bei vielen Menschen die Hoffnung geschwunden ist, daß der auf sich selbst gestellte amerikanische "Selfmademan" die Zukunft sei.

Nachdem "der freie Westen" wie der Sowjetstaat als Vorbilder zweifelhaft geworden sind, haben immer mehr Menschen, leidvoll enttäuscht, alle Hoffnung verloren oder im neuen, kommunistischen China die Zukunft gesehen. In dieser dritten Weltmacht, wo der Mensch gewissermaßen wichtiger als die Maschine ist, lebt die Hoffnung auf eine dauernde Revolution, die nicht in einer gigantischen Parteibürokratie erstarren soll. Der gemarterte und ausgesogene Bauer bekommt seine Menschenwürde zurück, indem er nicht mehr für einen Herrn front. Sein ganzes Leben und seine Arbeit erhalten einen tieferen Sinn, weil auch er ein Glied der immer fortschreitenden Revolution geworden ist.

Obwohl der Maoismus zuweilen stolz betont, daß seine Staatsform keineswegs auf andere weniger hoch entwickelte Völker übertragen werden könne, übt er indessen durch seine bloße Existenz und trotz der oben angedeuteten inneren Schwierigkeiten eine weltweite Anziehungskraft aus auf so verschiedene Gruppen, wie z. B. die idealistischen Studenten im Abendland und auf die hungernden Menschenmassen Asiens, Afrikas und Amerikas, die sich gegen die ungerechte Verteilung der irdischen Güter empören und es nicht länger ertragen wollen, von Tag zu Tag um ihr bloßes Dasein bangen zu müssen.

Zu den von den traditionellen großen Religionen geprägten Vorstellungen vom Sinn und Ziel des menschlichen Lebens sind in unserer Zeit also gleichsam neue Religionen hinzugetreten, die im Ringen um die Seelen den Vorteil haben, Befreiung von der drückenden äußeren und inneren Not verheißen zu können, eine Erlösung im Diesseits und nicht erst in einer anderen Welt nach dem Tod.

Von der Propaganda der Weltmächte hin und her gerissen, steht der suchende Mensch. Ihm bleibt wenig Wahl. Wohin er blickt: Streit. Selbst

die Mission betreibenden Religionen sind zerspalten und unterhöhlt, von den zersetzenden Kräften der Welt ergriffen.
Die Wohlfahrtsstaaten im Norden, die in ärmeren Ländern vielfach als Vorbild angesehen werden, haben gezeigt, daß auch bei völliger Beseitigung des Hungers noch keineswegs Glück und Frieden und eine neue Kultur entstehen. Die eigene Lieblosigkeit und die der Mitmenschen, die Einsamkeit, das Erschrecken über die Sinnlosigkeit des Lebens, die Angst vor Krankheit, Alter und Tod werden durch höheren Lebensstandard nicht geheilt. Obwohl vom Sterben zu sprechen bei vielen von uns unschicklich geworden ist und man die Tatsache des Todes soweit als möglich zu überschminken versucht, ist die geheime Todesfurcht stärker als jemals. Auch bei Ärzten und Priestern herrscht Ratlosigkeit und Furcht vor dem einzig Gewissen. Unsere Angst ist nicht geringer als zur Zeit Homers und der Weisheit Salomonis, wo der Fromme klagt:
"Und es geht dem Menschen wie dem Vieh, wie das Vieh, so stirbt er auch... Wer weiß, ob der Geist des Viehs abwärts fahre und der des Menschen aufwärts."
Selbst die Lieblinge der Götter entgehen dieser Angst nur selten. Der Arzt Dr. Vogel, der Zeuge der letzten Tage Goethes war, berichtet über das Sterben des Dichters, daß ihn die Nähe des Todes mit dem Grauen des Endes überfallen hatte. Seine dämonische Sicherheit schlug in das tragische Entsetzen vor dem Nicht-mehr-Sein um. "Fürchterliche Angst und Unruhe trieben den Greis bald ins Bett, bald auf den Lehnstuhl. Der Schmerz, der sich mehr und mehr auf der Brust festsetzte, preßte dem Gealterten bald Stöhnen bald lautes Geschrei aus. Die Gesichtszüge waren verzerrt, die Augen tief in ihre fahlen Höhlen gesunken, matt und trübe. Der Blick drückte die gräßlichste Todesangst aus."
Auch wenn der Mensch nunmehr, den technischen Träumen des alternden Faust weit überlegen, in den Weltraum fährt und seinen Fuß auf den leblosen Boden des Mondes zu setzen vermag, hat sich in seinem Bewußtsein nur wenig verändert. Trotz der Erkenntnisse neuzeitlicher Tiefenpsychologie und Astrophysik und trotz der Errungenschaften der Sozialwissenschaften, die uns lehren, wie der Mensch im Kollektiv handelt, weiß er, über Sinn und Ziel seines Lebens und sein eigenes wahres Wesen befragt, kaum eine Antwort zu geben. Hilflos wiederholt er in dieser Lage zumeist konventionelle Redensarten, die nicht aus seinem Innersten stammen.
Das Rätsel des Todes ist noch immer nicht gelöst, weder in den kapitalistischen noch in den sozialistischen Ländern.
Einer der gläubigsten Menschen und ehrlichsten Denker unserer Zeit, Simone Weil, schrieb kurz vor ihrem eigenen Tode auf den Schlußseiten ihrer letzten Arbeit: "Was auch im Himmel die geheimnisvolle Bedeutung des Todes sein mag, auf Erden ist es die Verwandlung eines Wesens aus zuckendem Fleisch und denkendem Geist, eines Wesens, das begehrt und haßt, hofft und fürchtet, will und nicht will, in einen kleinen Haufen reglosen Stoff."
(Die Einwurzelung, S. 434)
Simone Weil hat schon in den dreißiger und vierziger Jahren eine Geisteshaltung vorweggenommen, die heute bei vielen jungen Menschen selbstverständlich geworden ist. Dazu gehört auch, daß ihr Gesichtskreis nicht auf die traditionelle Kultur des Mittelmeerbeckens beschränkt blieb, sondern daß sie mit dem gleichen Ernst und der Freimütigkeit und

Empfänglichkeit, mit der sie an das Christentum herantrat, sich auch von entfernteren Traditionen inspirieren ließ.
Ich glaube, es ist im Sinn dieser gläubig ungläubigen Mystikerin, welche wie wenig andere die äußere und innere Not der großen arbeitenden Menschenmassen, der Verdammten aller Länder und Zeiten, erkannt hatte, wenn wir heute den Versuch machen, den Themenkreis – Was ist der Mensch, was sind seine Ziele – auf Erden und aus einer Ewigkeitsperspektive gesehen – im Lichte der altindischen Offenbarung zu betrachten. Ein solcher Versuch bedeutet keine Mission, kein Bekehrenwollen, und soll nicht der Erbauung dienen. Es handelt sich ganz einfach darum, darzustellen, wie diese zentralen Fragen, die uns alle berühren, wenn wir am Sterbebett eines geliebten Menschen stehen, im Sinne der indischen Offenbarung beantwortet werden.
Ob man an diese Offenbarung glaubt oder nicht, ein wenig Kenntnis des Menschenbildes, das sich aus diesen Urkunden der Hindus ergibt, ist heute, da Völker und Ideologien sich in ganz anderer Weise als noch vor einer Generation kämpfend und sich ergänzend begegnen, eine Voraussetzung, um unsere eigene Lage zu erkennen.

Tod und Wirklichkeit

Wenn man die indischen heiligen Texte betrachtet, erkennt man betroffen, daß die Ausgangslage des Schülers, der einen Heilsweg zu gehen begehrt, häufig eine vollkommene Katastrophe ist, der Zusammenbruch aller bisherigen Existenz, der äußeren wie der inneren. In der Unterweisung ist zuweilen sogar der Tod Voraussetzung für die weitere Wanderung zu den letzten Zielen des menschlichen Lebens. Mitunter ist der Tod selber der Guru.
Gemäß dem Bhāgavatam, einer der zentralen Offenbarungsurkunden der Hindus, gleicht der Lebenslauf jedes Menschen den letzten Schritten eines Verurteilten, der zur Richtstätte geführt wird. Auf verschiedenen Stationen dieses Weges werden ihm mancherlei Freuden angeboten: erlesene Speise und Trank, Musik und Tanz, sexuelle Genüsse. Er findet kein wahres Glück darin; ununterbrochen zittert ja sein Herz in Schrecken und Angst, weiß er doch: der Tod ist unabwendbar.
An anderer Stelle des gleichen Werks wird für die Wanderung des Menschen von der Geburt bis zum Tod ein verwandtes Bild verwendet. Der Lebenslauf des Menschen wird dem Gang einer Viehherde verglichen, die von einem Schlächter unerbittlich zum Schlachthaus getrieben wird. Der Schlächter ist die Zeit, die alle Lebewesen vor sich hintreibt. (Das Sanskritwort für Zeit "kāla" wird von den altindischen Grammatikern von der Wurzel "kal", "treiben", abgeleitet.)
Auch die Rahmenerzählung des zwölf Bücher und achtzehntausend Strophen umfassenden Bhāgavatam ist von Todesnacht umhüllt: Ein verfluchter König, namens Parīkṣit – der Name bedeutet, der Geprüfte –, sitzt in Meditationshaltung am Ufer des Gangesstromes, sein Ende erwartend. Er weiß, nach sieben Tagen wird eine giftige Schlange ihn beißen, und er muß unweigerlich sterben. In weitem Kreis sitzen die großen Weisen des alten Indiens ehrfurchtsvoll um ihn. Da kommt von ungefähr der Jüngling Śuka des Weges. Ohne Ursache kommt er, heißt es im Text. Was auch die ewiglich Freien tun, die auf Erden wandeln, es ist "ohne

Warum", keinem Zweck versklavt. Wie unschuldige Kinder schweifen sie dahin, von reiner Erkenntnis und Gottesliebe erfüllt und sie verschenkend. Der König fällt Śuka zu Füßen und fragt: "Wie soll sich ein Mensch verhalten, der unmittelbar vor dem Tode steht?"

Śuka lächelt und sagt: "Eine gute Frage hast du gestellt", und er beginnt das zu berichten, was den Inhalt des großen Bhāgavatam ausmacht.

Was Parīkṣit vernimmt, läßt ihn später ausrufen: "Ich fühle keinen Hunger und Durst, obwohl ich doch seit sieben Tagen und Nächten faste, nicht einmal einen Tropfen Wasser zu mir genommen habe. Ich trinke ja den Nektar aus deinem Munde"... "In Gestalt des Todesfluchs ist Gott (Kṛṣṇa) zu mir gekommen."

In der Kaṭha-Upaniṣad ist der Herr des Gesetzes von Ursache und Wirkung, der Bezwinger von allem, Yama, der Tod selbst, der Guru. Der Knabe Naciketas ist voll Mut und opfernder Hingabe bis an die Schwelle des Todes vorgedrungen. Drei Tage und Nächte muß er vor dem verschlossenen Tore warten, der Tod hat viel zu tun. Da er die Pflicht der Gastfreundschaft verletzt hat, gewährt ihm Yama die Erfüllung von drei Wünschen.

Naciketas' letzter und wichtigster Wunsch lautet: "Wenn der Mensch stirbt, da besteht ein Zweifel. Einige sagen, er existiert, andere sagen, er existiert nicht. Die Antwort darauf begehre ich!" (Kaṭha-Upaniṣad I, 20.) Der Tod wehrt ab: "Darüber waren einst sogar die Götter im Zweifel. Das ist nicht leicht zu verstehen. Verborgen sind diese Zusammenhänge. Wähle eine andere Gunst, o Naciketas. Dränge mich nicht." (Kaṭha-Upaniṣad I, 21.)

Yama bietet dem Knaben alles Glück und alle Genüsse der Erde an, alle die üblichen Ziele der Menschen werden ihm greifbar nahe: schöne Frauen, Gesundheit, langes Leben, wohlgeratene Kinder und Enkel, unfaßbarer Reichtum und Macht über die ganze Welt.

Naciketas lehnt ab: "Behalte deinen Tanz und Sang. Wer weiß, ob diese Freuden bis zum Morgen währen... Kurz ist ja das Leben." Statt dessen begehrt er nochmals, vom Tod zu erfahren, was jenseits der Reiche der Natur, jenseits allen Ethos und jenseits aller Zeitenfolge ist: "Über das, was über Recht und Unrecht ist, über Ursache und Wirkung, über Vergangenheit und Zukunft, darüber belehre mich." (Kaṭha-Upaniṣad 2, 14.)

Auch der Hintergrund der Bhagavad-gītā ist ein großes Sterben. Zwei riesige Heere sind in Schlachtlinie gegeneinander aufgestellt. Die meisten Krieger auf beiden Seiten ahnen, daß sie diese Schlacht nicht überleben werden. Am Beginn der achtzehn Tage währenden Vernichtungsschlacht hat Arjuna, einer der größten Helden seiner Zeit, seinen Streitwagen auf das Feld zwischen den beiden Armeen hinausfahren lassen. Er war überzeugt gewesen, auf der Seite des Guten zu kämpfen. Beklommen sieht er nun auch auf der Gegenseite nahe Verwandte, ja seine geliebten Lehrer vor sich. Er weiß nicht mehr, was Recht und was Unrecht ist. Denn, was er auch tut, ob er kämpft oder nicht kämpft, er muß heiliges Gebot verletzen. In tiefer Verzweiflung bittet er seinen Freund und Wagenlenker Kṛṣṇa um Belehrung.

Erst wenn die rechten Fragen gestellt werden, vermag der Guru Unterweisung zu geben, sonst bleibt er stumm. Während rings die Anzeichen eines herannahenden Weltuntergangs sich häufen, belehrt Kṛṣṇa seinen Schüler Arjuna über das, was nicht der Vernichtung unterliegt:

"Wisse das, von dem alles durchdrungen ist,
das Schwert schneidet es nicht,

das Wasser netzt es nicht,
das Feuer brennt es nicht,
der Wind trocknet es nicht aus...
unausdenkbar ist es, unvergänglich, ewig."

Bhagavad-gītā 2, 17, 22-23, 24

In den genannten Elementen ist im Sinne der altindischen Erkenntnis alles, was den Gesetzen von Zeit und Raum unterliegt, mit eingeschlossen. Ein Guru aus unserer Zeit könnte ohne weiteres hinzufügen: "Keine Wasserstoffbombe vermag dieses Ewige zu zersprengen, an dem jedes Lebewesen in seinem Innersten Anteil hat und von dem es durchdrungen ist."

Kṛṣṇa spricht:

"Es gab keine Zeit, da Ich nicht war,
noch du, noch diese Fürsten dort,
und es wird in Zukunft keine Zeit geben,
da wir aufhören werden zu sein..."

Bhagavad-gītā 2,12

"Wie für den, der in dem Leibe wohnt,
Kindheit, Jugend und Alter sind,
so ist das Erlangen eines anderen Leibes.
Die Weisen werden dadurch nicht verwirrt."

Bhagavad-gītā 2, 13

"So wie ein Mensch
zerschlissene Kleider ablegt
und andere neue Kleider anlegt,
so wirft der Bewohner des Leibes
zerschlissene Leiber ab und
tritt in neue Körper ein."

Bhagavad-gītā 2, 22

Ein ganz neuer Horizont, das Wissen von der Wiederverkörperung, öffnet sich hier. Ein Gemeinplatz der abendländischen Weltanschauung, daß der Mensch nur einmal lebt, wird erschüttert. Aber diese Erweiterung des Panoramas ist keineswegs die letzte Wahrheit. Die großen Fragen um Recht und Unrecht, Schuld und Sühne werden im Hinduismus nicht mit Hilfe der Vorstellung von wiederholtem Erdenleben gelöst.
Der Reinkarnationsgedanke erweitert nur die Bühne in Raum und Zeit. Durch ihn wird zwar die Vorstellung von Lebewesen auf weit entfernten Sternen und in längst verschollenen Zeiten nahegebracht. Aber auch diese, kosmische Ordnungen umfassende und ganz andere Zeitbegriffe einführende Erweiterung des Bewußtseins ändert nichts Prinzipielles. Ein neuer Vorhang muß aufgezogen werden. Die ganze große Welt alles Meß- und Berechenbaren – wozu die Hindus auch alle psychische Wirklichkeit zählen – erweist sich in der indischen Offenbarung bloß als ein Schattenwurf der überall und immerdar seienden Fülle der Ewigkeit. Das bedeutet u. a., daß die Grenze zwischen hier und dort, zwischen diesseits und jenseits, zwischen heilig und profan, zwischen gut und böse, Leben und

Tod, wirklich und unwirklich im Hinduismus ganz anders gezogen wird, als es nach unseren Maßstäben und unserer Erfahrung üblich ist.
In der Kaṭha-Upaniṣad lehrt Yama, der Tod als Guru, den Knaben Naciketas:

"Was hier ist, ist dort,
und was dort ist, ist hier.
Und der geht von Tod zu Tod,
der hier einen Unterschied sieht."

Kaṭha-Upaniṣad II, I, 10

Ähnlich heißt es in der Chāndagya-Upaniṣad VII, 25, I:

"Fülle ist im Osten,
Fülle ist im Westen,
Fülle ist im Norden,
Fülle ist im Süden..."

Die Bṛhad-Āraṇyaka-Upaniṣad erklärt:

"Wer in dieser Welt das Unvergängliche nicht erkannt hat und im Hinblick auf einen der Götter die Opfergaben ins Feuer wirft, auch wenn er sich Tausende von Jahren quält und müht, so ist doch sein Bemühen vergänglich. Wer dieses Unvergängliche nicht erkannt hat und aus dieser Welt abscheidet, der ist wie ein Diener, der (von den Göttern) gekauft wurde, ein Armseliger. Wer aber dieses Unvergängliche erkannt hat und aus dieser Welt fortgeht, der ist ein Wissender, ein (wahrer) Brāhmaṇa."

Bṛhad-Araṇyaka-Upaniṣad III, 8, 10

Eine echte Erkenntnis von dem einen, allgegenwärtigen, unzerstörbaren und ewigen Grund der Welt und jedes Lebewesens – keineswegs bloß des Menschen –, einer wahren Wirklichkeit, ohne die das, was wir auf Erden als Wirklichkeit erleben, keinen Augenblick bestehen könnte, ist die Essenz aller vedischen Offenbarung.
Alles, was einen Beginn und ein Ende hat, ist gar nicht (volle) Wirklichkeit, sagt die Bhagavad-gītā. Nur das, was keinen Beginn und kein Ende hat, ist wirkliches Sein:

"Es ist ungeboren, ewig, unwandelbar,
Es wird nicht zerstört,
wenn der Leib zerstört wird."

Bhagavad-gītā 2, 20

Dieses allumfassende Wirkliche, das nicht den Regeln der Natur und nicht dem Gesetz des Geborenwerdens und Wachsens und Welkens und Sterbens unterliegt, ist im Sinne vedischer Erkenntnis das Normale; alles, was wir in der Welt der vergänglichen Erscheinungen mit Sinnen und Verstand erleben, ist das Abnormale. Es ist wichtig, diese unseren abendländischen Denkgewohnheiten ungewohnte Schau, die eine vollkommene Umkehrung der Bewußtseinslage und der Wertmaßstäbe erfordert, im Sinne zu behalten, wenn man das Menschenbild des vedischen Kulturkreises verstehen will. Sogar für Buddha, den vollkommen Erwachten, der innerhalb des Hinduismus aufwuchs und den man nicht zu Unrecht den Stifter einer atheistischen Religion genannt hat, ist die Existenz dieser ungeborenen, ewigen Wirklichkeit selbstverständlich. Er sprach einst zu seinen Mönchen:

"Es gibt etwas Ungeborenes, Ungeschaffenes, nicht Gemachtes, nicht Zusammengesetztes. Und wenn es dieses Ungeborene, Ungeschaffene, nicht Gemachte, nicht Zusammengesetzte nicht gäbe, wie sollte man herauskommen aus dem Geborenen, Geschaffenen, Gemachten, Zusammengesetzten?"

Udana VIII, 1

Es ist dies dasselbe Unvergängliche, das in der indischen Offenbarung das gestaltlose Brahman oder das Brahma-Nirvāṇa (Bhagavad-gītā 2, 75 und 5, 24-25) und im Buddhismus das Nirvāṇa genannt wird.
Was aber ist der Schleier, die große betörende Macht, die uns, gemäß der Offenbarung der Hindus, zwar das Weltall – von den entferntesten Sternen und Sonnensystemen bis zu den kleinsten Teilen der altindischen Atomtheorie, einschließlich der gröbsten und feinsten psychischen Vorgänge in allen Lebewesen wahrnehmen läßt und als Wirklichkeit vortäuscht – aber die zugrunde liegende ewige Wirklichkeit verhüllt?

Die Māyā Gottes

Die gewaltige Macht, welche die ewige Wirklichkeit verhüllt, wird in Indien von alters her die Māyā genannt. Schon im Ṛg-Veda (IV, 47, 18) heißt es:

"Indra nimmt durch seine Māyā schnell mannigfache Gestalten an."

Die altindischen Wörterbücher geben als Bedeutung des Wortes Māyā u. a.: Zauberkraft, Zaubertrick, gestaltende Kraft, Gnade. Der Sinn, den die abendländischen Gelehrten zumeist mit dem Worte Māyā verknüpfen, nämlich Illusion, entspricht nur einem schmalen Segment dieses umfassenden Begriffes. Die altindischen Grammatiker leiten ihrerseits das Wort Māyā von der Sanskritwurzel mā, d. h. messen, berechnen, bewerten, ab.
Die Śāstras, die heiligen Schriften der Hindus, schließlich sehen das ganze berechenbare Weltall, das Größte und das Kleinste darin, sowohl das Physische wie das Psychische als aus Māyā bestehend, aus ihrem Stoff geformt und ihrer Gesetzmäßigkeit unterworfen.
Die Māyā hat zwei Seinsweisen. Als Prakṛti (die Natur hinter aller sichtbaren Natur) ist sie der Stoffesgrund von allem im Weltall, und sie wirkt als die große Unwissenheit (avidyā), die veranlaßt, daß wir verzerrte flüchtige Schattenbilder des Wirklichen, des Ewigen, als volle Wirklichkeit ansehen.
Zur Erkenntnis der Welt und des Menschen gehört gemäß den Śāstras vor allem das Wissen von den drei Guṇas der Māyā. Ohne Einsicht in die Lehre von den drei Guṇas, den drei Kräften, Qualitäten, aus denen sowohl die körperliche Welt wie alle Schichten unseres Bewußtseins geformt sind, bleibt alle vedische Menschenkunde unverständlich.
Das Gemeinsame der drei Guṇas, Sattva, Rajas und Tamas ist, daß sie alle, wenn auch in verschiedener Art, aus Begehren bestehen. Tamas ist Begehren nach Dunklem, nach der Befriedigung der niedersten Triebe,

müheloser schmutziger Lust; Rajas ist Begehren nach der Befriedigung etwas edlerer Triebe, des Triebs nach Macht, Reichtum, rastloser Tätigkeit und Ansehen unter den Menschen, nach Lust, auch wenn die Erlangung Mühe kostet; Sattva ist ebenfalls Begehren, aber in diesem Fall Begehren nach lichten Genüssen, Frieden, Wissen, Stille und Harmonie. Aus Tamas entfaltet sich eine Tonvibration, und daraus entfalten sich der Weltraum und, aus ihm stufenweise, die Elemente der Materie.
Die Erde, die Sonnen und die Sternenwelten sind hauptsächlich aus dem Guṇa Tamas geformt. In unseren Sinnen und unserer Vernunft ist Tamas stark mit Rajas gemischt. Im schauenden Bewußtsein stillen Denkens und Vorstellens ist Tamas stark mit Sattva gemengt.
Bis tief ins Kosmische hinein erstreckt sich das Wirken der Guṇas. Schon tausend Jahre vor Galilei und noch viel früher in vedischer Zeit waren die Inder mit der Vorstellung zahlloser Welten im Universum vertraut:
Im Bhāgavatam heißt es z. B.:

"So wie sonnenbeleuchtete Staubströme
durch offene Fenster fluten,
so fluten durch die Poren Mahāviṣṇus
zahllose Welten aus und ein.
(Wenn Er ausatmet, entstehen die Welten,
wenn Er einatmet, vergehen die Welten.
Und nie ist ein Ende des Weltentstehens
und Weltvergehens.
Denn nie hört Mahāviṣṇu auf zu atmen.)"

Bhāgavatam X, I4,11

Von Gott aus erscheinen die Universen, ihr Entstehen und Vergehen wie leise Atemzüge. Erst wenn wir den Blick auf ein einzelnes Weltsystem richten, wird das Wirken der Guṇas erkennbar. Das Bhāgavatam berichtet: Brahmā, der Weltenbildner, ein Diener des Höchsten, formt, hauptsächlich aus Tamas, mittels der feurigen Kraft des Guṇa Rajas das Gefüge der Welt und der Leibeshüllen der Menschen und anderer Lebewesen. Mit der harmonisierenden Kraft des Guṇa Sattva trägt Viṣṇu, ein Teilaspekt des Höchsten, mühelos die Welt und alle Wesen. Und wenn der Weltuntergang naht, bricht aus Śivas "drittem Auge" die finstere Glut des Tamas hervor und verbrennt die Welt und die Wesen.
Doch unberührt vom Streit der Guṇas und ungeachtet des Weltentstehens und Weltvergehens im Bereich der Māyā ist die ewige Wirklichkeit Gottes, deren Leben von der gleichzeitigen Anwesenheit des Kosmos in keinerlei Weise gestört wird und die, von Zeit und Raum unbegrenzt, den Natur- und Denkgesetzen nicht unterworfen ist.
Aus dieser allgegenwärtigen ewigen Wirklichkeit Gottes flutet bei jeder Schöpfung wahres Leben in die Schattensphäre der Māyā, die große Natur, die Prakṛti, ein. Gott spricht in der Bhagavad-gītā:

"Mein Schoß ist die große Prakṛti.
In sie senke ich den Samen hinein.
Daraus erfolgt die Geburt aller Wesen, o Arjuna."

"Was immer in allen Schößen
an Formen entsteht,

die große Prakṛti ist der Schoß
und Ich bin der Leben gebende Vater."

Bhagavad-gītā 14, 3-4

Von hier aus gesehen, von der ewigen Wirklichkeit her, wird die grundlegende Definition, die im Bhāgavatam für die Māyā gebraucht wird, verständlich. Der Ur-Gott spricht am Anfang der Schöpfung zu seinem Diener, dem Weltenbildner Brahmā:

"Was außerhalb (des ewigen Seins)
Des Ātmā wahrgenommen wird
Und nicht im Ātmā (in Gott) wahrgenommen wird,
das wisse als das Ātmā Māyā,
wie Abglanz und wie Finsternis."

Bhāgavatam II, 9, 34

Unerbittlich wird in den Upaniṣaden und der Bhagavad-gītā und auch im Bhāgavatam ständig die Abgrenzung der aus Māyā bestehenden vergänglichen Welt von der unendlichen ewigen Wirklichkeit dargelegt.

"Weder der Leib, der aus Erde besteht,
noch die Sinne oder die Götter, die regelnd über sie wachen,
nicht Atem, Wind, Wasser, Licht,
nicht der Geist, welcher der Nahrung bedarf,
nicht der Verstand, nicht das Herz, (das Gemüt, die Seele,)
nicht das Ichbewußtsein, nicht Äther,
noch Erde, noch Sinnesobjekte,
nicht die ungestaltete Urkraft der Materie,
keines von allem diesen ist der Ātmā."

Bhāgavatam XI, 28, 24

"Alle Dinge und Gefühle, die im Menschen
und in der Natur ihren Grund haben,
bestehen aus den drei Guṇas (der Māyā),
und alles, was er sieht und erlebt, alles, was er hört,
alles, was er mit seinem Geiste denkt.
Das aus den Guṇas stammende Tun und Lassen,
das bestimmt die Arten des Umhergetriebenwerdens
des Menschen in der Wandelwelt von Geburt zu Geburt."

Bhāgavatam XI, 25, 31-32

Die drei Guṇas der Māyā entsprechen in ihrer Wirkung verschiedenen Gruppen von Zielen menschlichen Lebens. Bei einigen wenigen Menschen herrscht der lichte Guṇa Sattva vor. Bei vielen dominiert die rastlose Aktivität und Leidenschaft des Guṇa Rajas. Die meisten von uns unterstehen hauptsächlich der Macht des finsteren Guṇa Tamas. Wichtig ist aber, daß es sich in der indischen Menschenkunde immer um eine Mischung der drei Guṇas handelt. Das bedeutet, daß zwar der eine oder der andere Guṇa vorherrscht, es aber nie einen ganz guten oder ganz bösen Menschen geben kann, sondern daß das unbekannte, zutiefst verborgene Ewige im Menschen, dessen Existenz eine Grundlage des Hinduismus ist, stets von den drei Guṇas gefesselt ist, wenn auch in verschiedener Art.

Das Sanskritwort Guṇa bedeutet bezeichnenderweise u. a. Fessel, Kette, Strick.
Die Bhagavad-gītā stellt diese Bindungen folgendermaßen dar:

"Sattva, Rajas und Tamas binden im Leibe fest
den Unzerstörbaren, der im Leibe weilt."

"Der Guṇa Sattva voller Lauterkeit bindet,
da er frei von Übel ist,
durch Anhaften an Glück,
und da er Erkenntnis gibt,
durch Anhaften an Wissen."

"Wisse, daß Rajas von der Natur der Leidenschaft ist
und Durst und Anhaften hervorruft.
Es bindet den im Leibe Weilenden
durch Anhaften am Tun."

"Und wisse, daß Tamas aus
Unwissenheit geboren ist,
betörend alle Lebewesen.
Es bindet durch Mißverstehen, Trägheit und Schlaf."
Bhagavad-gītā 14, 5-8

Wenn man von der großen Māyā Gottes ganz umgeben und betört ist, hat es den Anschein, als gäbe es nur sie. Sie erscheint dann, wie es auch in manchen indischen Kulturen zum Ausdruck kommt, als die Große Mutter, die Weltgebärerin, die Weltzerstörerin, die große Herrscherin allen Seins. Er, der Herr der Māyā, dessen Dienerin sie ist, dessen Willen sie, wenn man anderen Offenbarungstexten lauscht, vollführt, ist gänzlich entschwunden.
Es ist nicht unwichtig für das Verständnis des Hinduismus, daß er auch diese Perspektive kennt. Ohne sie würden alle Aussagen der heiligen Texte über ein ganz weltenthobenes Spiel Gottes und der Ihm ewig Beigesellten in von Zeit und Raum unbegrenzten Reichen, wo es keinerlei Māyā gibt, weniger eindrucksvoll sein. Der Aspekt des Hinduismus, in dem die große Māyā als einzige letzte Wirklichkeit erscheint und angebetet wird, ist allerdings derjenige, zu dem das abendländische Denken am ehesten Zugang findet.
Der junge Goethe formulierte schon im Jahre 1782 sein Erlebnis mit der damals in ihrer psychologischen Bedeutung neuentdeckten Natur:

"Natur, wir sind von ihr umgeben und umschlungen – unvermögend aus ihr herauszutreten, tiefer in sie hineinzukommen. Ungebeten und ungewarnt nimmt sie uns in den Kreislauf ihres Tanzes auf."

Vieles in der intuitiven Auffassung Goethes in seinem Aufsatz über die Natur wird von der indischen Offenbarung in bestürzender Weise bestätigt und vertieft. Aber mit einer Ausnahme. Die Zeilen, daß wir unvermögend seien aus der Natur, der Prakṛti, der Māyā herauszutreten und tiefer in sie hineinzukommen, haben, wenn wir die indische Offenbarung in ihrer Ganzheit überschauen, keine Gültigkeit.

Schwer ist es, Gottes Māyā zu überschreiten, wird in den Texten oft betont, aber es ist dem Menschen dennoch nicht völlig verwehrt. Wohl liegen die Ziele, das Wissen, die Freude, der Sinn des Lebens der meisten Menschen im Bereich der Guṇas der Māyā – aber es gibt auch Ziele, Wissen, Freude, Sinn des Lebens, die unberührt und unbegrenzt von den Guṇas sind:
Gott spricht im Bhāgavatam:

"Das ausschließliche Wissen von Ātmā und Brahman ist sattvahaft.
Das Wissen vom Menschen als Einheit von Leib und Geist ist rajashaft.
Das alltägliche Wissen, das sich bloß auf irdisches Wohl bezieht,
ist tamashaft.
Doch das Wissen, das in Mir gründet, ist frei von den Guṇas."

Bhāgavatam XI, 25, 24

"Sattvahaft ist die tatkräftige Überzeugung,
daß das Forschen nach dem Ātmā der Sinn des Lebens sei.
Rajashaft ist die Überzeugung,
daß der Zweck des Lebens das Erfüllen der den Menschen gebotenen Pflichten sei.
Tamashaft ist die Überzeugung,
daß das Nichtbeachten (dieser Pflichten) der Zweck des Lebens sei.
Tatkräftige Überzeugung aber,
daß das Mir-Dienen der Zweck des Lebens sei, ist frei von den Guṇas."

Bhāgavatam XI, 25, 27

"Die Freude, die aus dem Ātmā entspringt, ist sattvahaft,
die Freude, die aus der Sinnenwelt entspringt, ist rajashaft,
die Freude, die aus Verwirrung und Schwäche entspringt, ist tamashaft.
Die in Mir gründende Freude ist jenseits der Guṇas."

Bhāgavatam XI, 25, 29

Unerbittlich ist die Grenze, die zwischen dem Bereich der Māyā und dem, was über der Māyā liegt, gezogen wird. Diese Grenze geht sogar quer durch die heiligen Schriften. Ein großer Teil des Veda, des heiligen Wissens der Hindus, gehört, soweit er Lohn verheißt und die religiösen und sozialen Pflichten der Menschen betrifft, zum Bereiche der Māyā.

In der Bhagavad-gītā belehrt Kṛṣṇa seinen Schüler Arjuna:

"Die Veden handeln von den drei Guṇas der Māyā.
Werde frei, o Arjuna, von den drei Guṇas.
Sei über den Gegensatzpaaren (der Māyā),
frei vom Trieb zu erraffen und festzuhalten,
wurzle im lauteren ewigen Sein,
sei im Ātmā gegründet."

Bhagavad-gītā 2, 45

Die Scheide zwischen der Māyā-Welt und dem von der Māyā Unberührten ist aber kein statisches Hier und Dort, es handelt sich vielmehr um eine dynamische Perspektive, eine Frage der Blickrichtung. Wenn einem Menschen durch die Gnade Gottes die Sehkraft des göttlichen Auges verliehen wird, vermag er tiefer in die Natur der Māyā einzudringen und ihr

Wesen zu erkennen. Als ein Freier wird er dann mitten in der Welt zwischen den Guṇas der Māyā wandeln und nicht mehr von ihr unterjocht sein. Das wird ihm möglich, weil er durch die ihm verliehene neue Sehkraft hinter allen flüchtigen Erscheinungen der Māyā-Welt, dem Häßlichen wie dem Schönen, dem Glück wie dem Leid, den ewigen göttlichen Grund zu sehen vermag. Das Ziel ist hier also keineswegs eine völlige Abkehr von der Welt, sondern vielmehr die Erkenntnis ihrer Natur.

In Indien gilt es – oder galt es noch vor wenigen Jahren – als das größte Glück des Erdenlebens, einem Guru, einem Geisteslehrer, zu begegnen, der über den Bereich des Vergänglichen und des Unvergänglichen Bescheid weiß, und von ihm als Schüler angenommen zu werden. Freilich, es heißt auch, ein jeder findet den Guru, den er verdient. Der Schüler, der Genuß und Reichtum und Macht sucht, findet den Guru, der den Weg weisen kann, der zu Genuß, Reichtum und Macht führt. Der Schüler, der dazu neigt, sich mit halben Wahrheiten zufriedenzugeben und vor dem Letzten zurückschrickt, der findet den Guru, der halbe Wahrheiten vorträgt. Der Schüler, der sich selbst betrügt, findet den Guru, der sich selbst betrügt.

Der gläubige Hindu ist überzeugt, daß es in Indien seit Jahrtausenden niemals eine Generation gegeben hat, in der nicht ein oder zwei oder einige wenige wahre Gurus auf dem Boden ihres Landes wandelten. Die klassische Definition für einen wahren Guru lautet: "Er muß einer der ungebrochenen alten Traditionsfolgen angehören. Er muß von seinem eigenen Guru die Wahrheit treu und unverfälscht erhalten haben. Und er muß überdies in seinem eigenen Herzen diese ewige Wahrheit untrüglich selbst erfahren haben." Der erste Guru der weitverzweigten Überlieferungsfolgen ist stets Gott oder einer der ewigen Manifestationen Gottes.

Als Sanātana, der einstige Regierungschef des großen Reiches Bengalen, im Jahre 1516 n. Chr. endlich seinen Guru gefunden hatte[1], stellte er an ihn drei zentrale Fragen:

Wer bin ich?
Warum leide ich?
Worin besteht mein Heil?

Die Antworten auf diese Fragen bilden den Hauptinhalt des vorliegenden Buches. Um näher auf sie eingehen zu können, muß aber zuerst dargestellt werden, wie die altindischen Urkunden die Struktur des Menschen sehen.

Die Begriffswelt des Hinduismus ist oftmals nuancenreicher und vielschichtiger als die des Christentums und der abendländischen Denkformen. Daher gibt es häufig keine direkten Entsprechungen. Wörtliche Übersetzungen der Sanskritausdrücke sind vielfach irreführend. Um kein allzu verwaschenes Bild der indischen Menschenkunde zu geben, werden daher im Einklang mit der traditionellen indischen Auffassung auf den allernächsten Seiten eine begrenzte Anzahl von grundlegenden Definitionen gebracht. Diese Definitionen können wie die Notenzeichen einer ungewohnten Musik sein und dazu helfen, die dann folgenden Ausführungen über das Wesen des Menschen und den Sinn des menschlichen Lebens (gemäß dem indischen Yoga) besser zu verstehen.

---

[1] s. W. Eidlitz, Kṛṣṇa-Caitanya, Sein Leben und Seine Lehre. Stockholm 1968, Seite 453 ff.

2
Die Struktur des Menschen

Der Mensch

Wenn wir versuchen, ein Verständnis dafür zu erlangen, wie die heiligen Schriften der Hindus, die Śāstras, das Wesen des Menschen auffassen, so ist es wichtig, daß wir uns nicht von unseren eigenen abendländischen Denkgewohnheiten leiten lassen. Denn ähnlich, wie man heute kaum eine Sophokles-Tragödie richtig verstehen kann, ohne etwas vom Menschenbild der Griechen und deren Auffassung vom Schicksal, vom Todesreich und den Rachegöttinen zu wissen, so ist es ausgeschlossen, bloß mit unserem aus antiker und christlicher Tradition und moderner Psychologie, Naturwissenschaft und Technik gemischten Weltbild einigermaßen verständnisvoll an die indischen Texte, die Śāstras, heranzugehen. Und das Weltbild und Menschenbild der Griechen stehen uns doch noch wesentlich näher als dasjenige der Hindus.

Wenn wir den Menschen in der Art, wie ihn die heiligen Schriften der Hindus darstellen, richtig erfassen wollen, müssen wir uns vor allem darüber ganz klar werden, daß – wie schon angedeutet – nicht nur das, was wir im Abendland den Körper des Menschen nennen, sondern auch das, was wir gewöhnlich unter seiner Seele und seinem Geist zu verstehen pflegen, gemäß der Schau der indischen Urkunden etwas Materielles ist. Das verborgene Ewige, das im Menschen und in jedem anderen Lebewesen Wohnung genommen hat, der Ātmā (ātman), ist im Sinne der Śāstras etwas grundlegend anderes; gänzlich verschieden von der Seele und dem Geist der abendländischen Psychologie und auch einer ganz anderen Kategorie angehörig als "die ewige Seele" des Christentums.

Die Śāstras unterscheiden zwischen einem grobphysischen Leib, der etwa unserer gewöhnlichen Auffassung vom Körper entspricht, und einem feinphysischen Leib, welcher die Gesamtheit des Seelenlebens umfaßt, das also im Grunde als etwas Körperliches dargestellt wird, obwohl dessen Sinnenhaftigkeit, mit dem sichtbaren, meßbaren, wägbaren Körper verglichen, von viel zarterer, feinerer Art ist.

Gemäß den Śāstras besteht die Gesamtheit der Struktur des "Menschen" aus folgenden zu einer Einheit gefügten "Teilen".

(A) Der physische Leib mit den fünf Tat-Sinnesorganen (karma-indriya) und den fünf Erkenntnis-Sinnesorganen (jñāna-indriya).

Die fünf Tat-Sinnesorgane sind das Sprachorgan, die Hände, die Füße, der Anus und das Geschlechtsorgan.

Die fünf Erkenntnis-Sinnesorgane sind Ohr, Haut, Auge, Zunge, Nase.

Dieser grobphysische Leib wird auf Sanskrit genannt sthūla-deha oder sthūla-śarira. Er ist durchwoben von Lebenskraft (prāṇa).

(B) Der feinmaterielle Leib. Er besteht aus fünf Tatsinnen und fünf Erkenntnissinnen (wohlgemerkt: Sinne und nicht Sinnesorgane aus Muskeln, Geweben, Nervensubstanz usw.) und dem "inneren Sinn" (antaḥkaraṇa), der oft auch als das Manas bezeichnet wird. Dieser "innere Sinn" entspricht all dem, was wir Seele, Geist, Bewußtsein nennen. Auch der gesamte feinphysische Leib (sukṣma-deha. oder liṅga-deha, sukṣma-śarira oder liṅga-śarira) ist durchwoben von Lebenskraft (prāṇa).

Dieser "innere Sinn" ist eine Einheit mit vier verschiedenen Schichten, vier Funktionen (vṛtti).

Hier stutzt man sofort bei zwei Aussagen:

Der geistige Leib hat Sinne? Das widerspricht unserer Vorstellung. Ein Beleg für diese Aussage wird von den Hindus darin gesehen, daß 1) im Traum diese feinen Sinne gebraucht und erlebt werden und daß 2) im allgemeinen beim Menschen im Tode eine Trennung dieser beiden Leiber einsetzt. Der grobphysische Leib samt den zehn Sinnesorganen wird beim Sterben abgelegt und doch sieht, hört ... der Verstorbene gemäß den Feststellungen der Śāstras. Der Verstorbene sieht und hört dann mit den feinstofflichen Sinnen, die ihm verbleiben. Alles, was wir im Westen so gern als "Geist", "Bewußtsein", "Seele" bezeichnen und als dem Stoffe überlegen der "Materie" entgegensetzen, auch oft genug als etwas Ewiges dem Vergänglichen gegenüberstellen, wird hier bloß als eine feine Form der Materie bezeichnet. Um das mit allen Folgerungen klarzumachen, geben die Śāstras eine Analyse der Struktur und der Inhalte dieses inneren Sinnes (antaḥkaraṇa).

1) "Es wird etwas gehört". Das Bewußtsein empfängt einen Eindruck. Der innere Sinn hat also die Fähigkeit, Eindrücke zu empfangen. Er ist – in einer seiner Schichten – rezeptiv, passiv, und er wird deswegen sehr oft mit einem Spiegel oder der Oberfläche eines Wassers verglichen. Die Eindrucksfähigkeit ist um so höher, je klarer und lauterer dieser Spiegel ist, gleichsam einer ganz ruhigen, stillen Wasserfläche. Je weniger sich zwischen das Objekt, das gespiegelt werden, einen Eindruck hinterlassen soll, und dem Spiegel des Bewußtseins störend einschiebt, desto eher wird die Erkenntnis objektiv sein. Also Lauterkeit des Bewußtseins, Klarheit der Aufnahmefähigkeit, Unverzerrung der Form und Substanz und Nichtentstellung des Objektes auf dem Weg zwischen dem physischen Ohr und den Nerven bis zum Spiegel des Bewußtseins sind die Voraussetzungen dafür, daß ein Objekt als das wahrgenommen wird, was es ist.

Dieser Spiegel, das rezeptive Bewußtsein, heißt auf Sanskrit Citta. Davon ist wohl zu unterscheiden der Ausdruck Cit. Cit ist das, was aus reiner, unmittelbarer Erkenntnis besteht. Citta dagegen besteht nicht aus Erkenntnis, sondern es ist sozusagen ein Organ, das durch Eindrücke Erkenntnis erwirbt. Der Inhalt des Citta ist bloß mittelbare Erkenntnis.

Citta ist theoretisch lauter, unveränderlich, ruhig, still; tatsächlich aber voller lustbetonter oder auch unlustbetonter Eindrücke (auf Sanskrit: saṁskāra, vāsanā).

2) Eine zweite Schicht des inneren Sinns besteht in der Bereitschaft, den Wunsch zu hören. Das Bewußtsein ist bereit, etwas zu erleben. Diese Bereitschaft führt zu einem Begehren, das als "Wohl" Erlebte von neuem und stärker zu erleben, gedanklich, in der Phantasie bei dem Wohl gebenden Objekt zu verweilen – oder auch, bei dem Unwohl gebenden Objekt zu verweilen, darüber zu brüten.

Diese ständige Bereitschaft des Bewußtseins wird Manas[2] genannt. Aus dem Manas entwickelt sich ein Begehren, Lust, Kāma genannt. Es ist das Manas, das ein Objekt begehrenswert macht, das ihm Farbe verleiht, so daß es als anziehend empfunden wird. Ebenso enthält dieses Bewußtsein der Bereitschaft auch das Gegenteil – nicht Lust, sondern "Haß" oder Krodha, also Ablehnung dessen, was entweder als Unwohl erlebt wird, oder dessen, was sich dem Erleben eines Wohles in den Weg stellt.

---

2 Manas im engeren Sinn. Auch die Gesamtheit aller Bewußtseinsschichten heißt, wie schon erwähnt, zuweilen Manas.

3) Es wird ein Laut gehört. Das Bewußtsein stellt fest, nach Überlegung und Erwägung, was das ist, was gehört wurde, das heißt, es wird durch die Funktion der Vernunft erkannt, was das im Citta erlebte Objekt ist, wo es ist, von wo es herkommt, wie es zu erreichen ist. Diese Erkenntnis kann gemäß den Śāstras folgenden Inhalt haben:
a) direkte Erfahrung, Schlußfolgerungen, Wahrnehmung der Ab-wesenheit einer Sache oder das, was die Śāstras, die als absolute Erfahrungsquelle gelten, darüber aussagen. Man nennt das Pramāṇa, Erkenntnis dessen, was real ist.
b) Irrtum oder Erkenntnis einer Sache, so wie sie überhaupt nicht ist (viparyaya).
c) Erkenntnis einer Sache, die nur als bloßes Wort besteht, aber keineswegs eine Realität hinter sich hat, z. B. das Horn eines Hasen. Man nennt das Vikalpa.
d) Gedächtnis, Erinnerung, ein Wissen, das aus dem Eindruck entstand, den eine frühere Erfahrung hinterließ (smṛti).
e) Schlaf, d. h. die Erkenntnis hat überhaupt nichts zum Gegenstand, das Bewußtsein ruht; man nennt das Nidrā. Diese Überlegungsfähigkeit des inneren Sinnes heißt Buddhi.
4) "Ich höre", das sich als eine Einheit, eine Person wissen, fühlen, erleben, das Ich oder besser gesagt: die feinstoffliche Grundlage des Ichgefühls.
Dieses Ich, die Grundlage des Ichgefühls, besteht aus dem Guṇastoff der Māyā. Das Ich, von dem hier gesprochen wird, ist ein Teil der feinstofflichen Hülle. Dieses feinstoffliche Ich kann durch Verletzung, Trunkenheit usw. eliminiert werden.
Die vier Schichten des "inneren Sinns" sind also:
die Fähigkeit etwas zu erleben: Citta,
die Bereitschaft etwas zu erleben: Manas,
die Fähigkeit, den Gegenstand des Erlebnisses zu erkennen als das, was er ist: Buddhi, und
die Grundlage, die ein Ichgefühl ermöglicht: Ahaṅkāra, der Ich-Macher.

Wir könnten es auch so ausdrücken:
das ungetrübte Bewußtsein, rein rezeptiv, passiv: Citta,
das Gefühl, der Wille: Manas,
die Vernunft, der Intellekt: Buddhi,
die Persönlichkeit: Ahaṅkāra

sind in dem enthalten, was die Śāstras den inneren Sinn oder "Antaḥkaraṇa" nennen und wir im Abendland als den Geist, die Seele bezeichnen.
Doch sind diese vier Schichten nicht bloß theoretische Strukturen, sondern sie sind voller konkreter "Inhalte". Sie sind auch nicht bloß Funktionen oder Wirkweisen, sondern sie sind wie "Behälter", die etwas beinhalten. Sie sind feiner Stoff, der lebendig ist. So wie in dem grob-physischen Leib, so ist auch in dem feinmateriellen psychischen Leib "prāṇa" oder Leben vorhanden – als Folge ihrer Berührung mit einem Unbekannten, einem X.
Da es nicht eine "Seele" ist, ein "Geist", der den physischen groben Leib sozusagen belebt, sondern da auch die "Seele", der "Geist", wenn auch noch so fein, doch eben stofflich sind, ergibt sich, daß beide ihre Lebendigkeit der Gegenwart eines Verborgenen verdanken, zu dem sie sich wie Hüllen verhalten. Dieses Verborgene ist der Ātmā, das wahre Selbst, das aus Cit, aus reiner Erkenntnis, besteht.

Die bloße Gegenwart des Ātmā in den beiden Hüllen, der grobmateriell physischen und der feinmateriell physischen (geistigen) Hülle, verursacht, daß der Mensch lebt und sich als eine Einheit weiß.
Dieser Ātmā ist in keiner Weise Gegenstand der Erfahrung seitens der Hüllen, nie kann er von den Hüllen erkannt werden. Das bedeutet, der menschliche Geist, die Seele, kann den Ātmā nicht erkennen, denn gemäß den Śāstras sind Cit, reine Erkenntnis, reiner Geist, und Stoff, Māyā, das Gegenteil von reiner Erkenntnis, ganz entgegengesetzte Kategorien. Erkennen hieße, daß das Erkannte in irgend etwas dem Erkennenden ähnlich wäre, doch Cit und Acit (Nicht-Cit) sind in jeder Weise absolute Gegensätze.
Der Ātmā, der aus reiner Erkenntnis besteht, kann als erkennendes Subjekt das sehen, erkennen, erleben, was aus Acit oder Stoff besteht, aber nie umgekehrt.
Das Wissen davon, daß es überhaupt einen Ātmā gibt, stammt gemäß den Urkunden aus der Offenbarung des Gottes-Wortes. Man kann auf das Vorhandensein des Ātmā erst schließen, man kann ihn postulieren, nachdem man bereits den Gedanken Ātmā gehört hat.

Ohne hier vorerst darauf einzugehen, wie der Ātmā in diese Hüllen hineinkam, stellen wir uns zuerst schematisch die Struktur des Menschen vor:

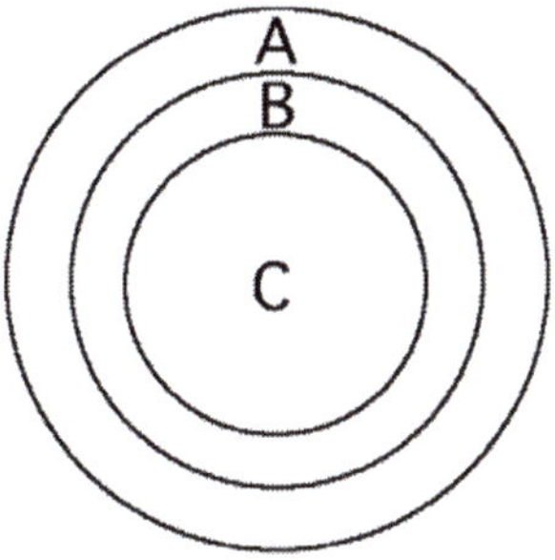

A. der grob-sinnliche Leib mit den zehn Sinnesorganen und Prāṇa
B. der feinstoffliche geistige Leib mit zehn feinen Sinnen und Prāṇa, Citta, Ahaṅkāra, Buddhi, Manas
C. der Ātmā, der aus reiner Erkenntnis bestehende Erkenner

Es erhebt sich nun die Frage, wie kommt es, daß (A) und (B) zusammen mit dem ihnen ganz Wesensfremden (C), dem Ātmā, eine Ganzheit bilden, eben den lebendigen Menschen? Wie kommt es, daß sich dieser Mensch als eine Einheit erlebt, als eine konkrete Einheit im Wachzustand, und als eine konkrete Einheit, nachdem er aus dem Traum oder Tiefschlafzustand in den Wachzustand zurückkommt?
Solange der Ātmā nicht weiß, wer er selbst ist – man nennt das den gebundenen Zustand des Ātmā (baddha) – überträgt er sein auf sich selbst bezügliches wahres "Ich", nämlich "Ich bin Ātmā", auf den physischen und geist-stofflichen Leib und meint, er sei "Mensch". Andererseits erhält die aus feinem Stoff bestehende Grundlage des Ichgefühls, das "geistige" Ich, durch die Gegenwart des Ātmā Lebendigkeit, und der "innere Sinn" oder der Geist, die Seele, von der eine Schicht Grundlage für ein Ichgefühl sein kann, wird nun getragen von einem Bewußtsein oder Gefühl "Ich bin".
Der von Unwissenheit überwältigte Ātmā macht sich also durch die Einbildung des "Ichs" den physischen und geistigen Leib zu eigen, und damit schreibt er alles, was der physische Leib und der feinstoffliche Leib erleben, sich selbst zu, und er meint, das sei sein Leib, sein Geist, er meint, das

feinstoffliche Ich sei sein eigenes Ichbewußtsein. Es ist so, als ob ein Juwel in einer Seidenhülle in einem Kästchen läge und meine, er sei die Seidenhülle und das Kästchen; und als ob die Seidenhülle als Folge davon ihrerseits meine: Ich, die Seidenhülle, bin das Juwel und das Kästchen. Oder wie wenn ein Mensch der Meinung wäre: Ich bin meine Hosen, mein Rock und mein Hemd. Und wer er selber ist, das hat er vergessen.

Wir erhalten also die folgenden "Ich"-Begriffe:

Ich, der Ātmā, der Cit-Ātmā, der Erkennende, aus Erkenntnis bestehende, weiß sich als "Ich" – es ist absolut wahr.

Ich, das feinstoffliche Ichgefühl des feinstofflichen Geistes, weiß sich als die Einheit von physischem Leib und stofflichem Geist. Dieses "Ich" ist, solange als der Leib und die Seele "leben", wahr.

Ich, der Ātmā, bin das Ich des feinstofflichen Geistes. Diese Gleichsetzung ist bloß Einbildung, volle Unwahrheit.

Der Ātmā ist also vorhanden, aber er erlebt sich nicht mehr. Er war reines Ich, nun ist er bloß da, ohne Bewußtsein seiner selbst.

Sein wirkliches Ichbewußtsein ist gelähmt, und er erhält ein neues Ichbewußtsein und meint, er sei die Hülle. Er verwechselt sich mit dem, was nur seine Hülle ist.

Auf der Grundlage dieses (Ich), das wir einklammern, weil es eine bloße Illusion ist, ergibt sich nun ein entsprechendes mein, ein Zuordnen, dem (Ich) zugehörend. Von dieser aus Unwissenheit geborenen Illusion des (Ich) und (mein) ist in den zahllosen Universen kein Wesen frei, das sich als Mensch weiß, als Tier, als Baum, als Stein, als Angehöriger der Welt von Zeit und Raum. Wenn nun schon das bloße Sich-als-Mensch-Wissen eine Illusion ist, so ist es nur eine weitere Entfaltung dieses Unverstandes, wenn man sich dünkt, Mann, Frau, alt, jung, arm, reich, krank, gesund zu sein – und Leib, Geist, Seele, Haus, Kinder, Eltern, Frauen usw. als "mein" betrachtet und um ihretwillen ringt, streitet, liebt, haßt und betet oder gar meint, als seine eigene Persönlichkeit ewig und unsterblich zu sein.

Der Ātmā verlor sein auf sich selbst bezügliches Ich-Bewußtsein und erhielt ein auf den Leib und Geist bezügliches unwahres Ich-Bewußtsein; das heißt, was der Leib und der Geist erleben, erlebt der Ātmā als sein Erleben, obgleich es sein eigenes Erleben gar nicht ist.

Der Ātmā ist, wie schon erwähnt, ewig, unveränderlich, wirkliches Leben, voll spontaner Initiative, reiner Erkenntnis und Glück. Sein eigentlicher Erkenntnis-Gegenstand ist er selbst und dasjenige, was wie er aus Cit besteht, das aus reinem Sein, Erkenntnis und Glück bestehende Reich der Ewigkeit, das allen Gesetzen von Zeit und Raum enthoben ist.

Doch der (individuelle) Ātmā ist sehr klein und hat deshalb nur beschränkte Erkenntnis, Willens- und Tätigkeitskraft. Er hatte ursprünglich freien Willen; ehe er die Hüllen und das falsche Ich-Bewußtsein erhielt, war er frei – und es lag in seiner Wahl, diesem Reiche zugehörig zu bleiben oder aber eine diesem Reiche der Ewigkeit entgegengesetzte Welt, die Welt des Stoffes und der Unwissenheit, erleben zu wollen. Entschied er sich für das letztere, so erhielt er die Hüllen und das falsche Ichgefühl, das ihn mit den Hüllen identifiziert. So wie es die Stofform der Māyā ist, die ihm die Hüllen gibt, so ist es die Unwissenheits- oder Unerkenntnis-Kraft dieser Māyā, die ihm die Illusion eines ganz und gar falschen unwahren Ichs gibt. Dieses "Ich" also verhindert den Ātmā, sich selbst und die aus reiner Erkenntnis bestehende ewige Welt zu erleben. Die Māyā hält den Ātmā vom Reiche der reinen Erkenntnis ab, dem er zugehört, und hält ihn mit der

Klammer des falschen Ich (mit dem sogenannten "Knoten des Herzens") an die Hüllen aus Materie gebunden.
Wann erfolgte diese Bindung? Der individuelle Ātmā ist ewig, anfangslos. Seine Bindung, seine Unwissenheit, sein Verhülltwerden sind ebenfalls anfangslos. Solange der Ātmā im Reich des Ewigen ist, gibt es für ihn keine Zeit. Die Zeit setzt ein, sobald der Ātmā unter dem Einfluß der Māyā in die Welt der Zeit und des Raums hineinkommt. Die Frage des "wann?" überschreitet also die Grenzen menschlicher Erkenntnis.
Was ist der Sinn dieser Bindung? Ohne diese Bindung wäre der Ātmā nicht in der Lage, die Welt der Māyā zu erleben, sie zu genießen. Um ihm die Möglichkeit der praktischen Ausübung seiner Willensfreiheit zu geben, um die Welt des Physischen und des Geistigen erleben zu können, muß er sich selbst vergessen können, er muß meinen, er gehöre dieser Welt von Zeit und Raum zu, in der er wesensgemäß in der Fremde ist. Die Wege zur Freiheit werden in späteren Kapiteln aufgezeigt werden.
Hätte sich diese Bindung vermeiden lassen? Das heißt, wäre es nicht möglich gewesen, daß der Ātmā von der verhängnisvollen Ausübung seiner Willensfreiheit hätte bewahrt bleiben können, so daß er sich gleichsam zwangsläufig für das Reich der Erkenntnis hätte entscheiden müssen, ohne seine eigene Natur zu entstellen?
Das ist eine müßige Frage. Einengung der Willensfreiheit würde dem Wesen Gottes widerstreiten, zu dessen Wesen, sowohl in seiner Fülle wie auch in seinem kleinsten Teil (als individueller Ātmā), eben Willensfreiheit gehört. Es wäre etwa so, wie wenn man von den Sonnenstrahlen fordern würde, daß sie dunkel und nicht licht und nicht koexistent mit der Sonne wären.

Die Bewußtseinszustände des Menschen

Der Mensch ist im allgemeinen die lebendige Einheit von physisch-grobstofflichem Leib, physisch-feinstofflichem Leib und Ātmā. Der Ātmā ist gleichsam das Feuer, das den beiden Leibeshüllen Wärme, d. h. Leben, gibt. Der Menschenzustand wird ermöglicht durch eine starke Klammer, den Knoten des unwahren Ichgefühls, und dann erlebt sich der Mensch in mehreren natürlichen Zuständen:
1) Wachen (jāgrat)
2) Träumen (svapna)
3) traumloser Tiefschlaf (suṣupti)
4) außergewöhnlicher natürlicher Zustand, der der Ohnmacht; in diesem wieder gibt es Ohnmacht mit Aussetzen der physischen Sinnesorgane (pralaya) und Aussetzen auch der psychischen Sinne (moha oder mūrchā).
1) Im Wachzustand bezieht sich das Ichgefühl sowohl auf die äußere Leibeshülle wie auch auf die innere psychische Hülle des konkreten Menschen. Also z. B. "Ich bin Devadatta".
2) Im Traumzustand bezieht sich das Ichgefühl bloß auf die innere Hülle, die aber beeinflußt wird vom Zustand der äußeren Hülle. Es ist ein Ichgefühl, das dem Wachzustands-Ich entspricht, das sich aber auf einen aus Traum-"Stoff" bestehenden psychischen, feinstofflichen Leib bezieht, einen veränderten, beinahe unwirklichen Devadatta. Im Traum hat das Ich, um neue Erfahrungen zu sammeln, den physischen Leib und die Natur der physischen Welt verlassen und weiß sich als der Traum-Devadatta in einer

Traumwelt. Diese Traumwelt ist keineswegs bloß Illusion. Ihre Grundlage ist a) einmal etwas, was früher entweder im Wachzustand dieses Lebens durch die Sinne oder durch die Phantasie erlebt wurde und was im Citta "Eindrücke" hinterlassen hat, oder was in früheren Lebensformen erlebt wurde und im Citta ebenfalls Eindrücke hinterließ, die dann im Traume wieder aufleuchten, oder b) zuweilen auch eine mehr oder minder treue Vorschau dessen, was in Zukunft sich einmal abspielen wird und dann durch die Sinne erlebt werden wird. – Träume enthalten oft Dichtungen, Mantras (bestimmte Gebetsformeln), Anweisung bestimmter Medizinen usw.

Träume sind schon deswegen keine bloßen Illusionen ohne Realitätsinhalt, weil es Träume gibt, die so starke Eindrücke im inneren Sinn (antaḥkaraṇa) hinterlassen, daß sie – meist unmittelbar nach der Rückkehr aus dem Tiefschlaf in den leiseren Schlafzustand – von neuem im Bewußtsein aufleuchten und eine drängende Kraft auf das Wachleben ausüben. Diese Träume verfolgen einen in den Wachzustand, sie sind angenehm oder widerlich, beglückend oder niederschlagend. Der Inhalt des Traumes ist auch oft beeinflußt durch den physischen Zustand des organischen Leibes. Wie bekannt, vermag man nach einer kurzen Traumunterbrechung durch den Wachzustand sich wohl vorzunehmen, den gleichen Traum zu wiederholen oder ihn fortzusetzen. Es ist Begehren, und die Traumperson handelt auch dann, wenn sie übernatürliche, wunderliche Gestalt hat und seltsame Dinge tut, keineswegs unvernünftig. Sie flieht z. B. bei Gefahr, sucht den kürzesten Weg der Flucht usw.

3) Das Ichgefühl im Tiefschlaf: Im Tiefschlaf ist das Ich zeitweise aufgehoben. Zwar pulsiert Leben (prāṇa) im Leib, doch hat die geistige Tätigkeit von Manas und Buddhi vollkommen ausgesetzt, während im Traumzustand der innere Sinn (antaḥkaraṇa) tätig war; bewußt oder unbewußt wurde etwas erlebt.

Im Traumzustand hatte das Ichgefühl etwas, worauf es sich beziehen konnte; im Tiefschlaf ist nichts da, worauf es sich beziehen könnte, weder die Erlebnisinhalte eines physischen noch eines psychischen Leibes. Das Ich ist verschwunden. Doch beim Erwachen des inneren Sinns (antaḥkaraṇa) aus dem Tiefschlaf entsteht sofort das Ichgefühl von neuem, sei es beim Erwachen zum Traum oder zum Wachzustand.

Im Tiefschlaf erlebt also der Ātmā, der sich fälschlich mit den Hüllen identifiziert und durch diese irrige Identifikation die Welt des Wachzustandes und Traumzustandes erlebt, überhaupt nichts. Er weiß im Tiefschlaf nicht von seiner Existenz, doch ist er keineswegs frei von der Fessel der Māyā, er erlebt sie bloß nicht. Es ist also eine Art negativer Freiheit, die er "genießt".

Nun ist es seltsam; beim Erwachen aus dem Tiefschlaf, wenn das Ichgefühl zurückkehrt, wird erlebt: "Ich habe gut geschlafen", d. h. mit anderen Worten: "Als Ich gar nicht da war, als Ich gar nicht dabei war, gab es Wohl, Wonne." Es wird also im Tiefschlaf nicht bloß eine negative Freiheit erlebt, sondern auch etwas Positives. Dieses Positive hinterläßt einen Eindruck im inneren Sinn, der als "Wohl" registriert wird und das Sehnen nach einem neuen Erleben solchen Tiefschlafs hervorruft, wobei die Tätigkeiten des Antaḥkaraṇa ruhen. Doch ist es nicht nur die Stille, die erlebt wurde und die im Wachzustand oft schmerzlich vermißt wird, welche den Eindruck der Wonne hinterläßt. Gemäß den Śāstras ist der Ātmā dann "bei sich selbst". Und da er bei sich selbst ist – auch wenn er es nicht weiß –, so ist er nicht

bewußt bei seinen Hüllen, die er später bei Erlangung des Wachzustandes oder Traumzustandes unverändert wiederfindet.
Unbewußt hat der Ātmā etwas erlebt, was in unserer Schilderung der Struktur des Menschen bisher noch nicht auftrat, nämlich etwas Höheres als den bloßen Ātmā. Im Tiefschlaf erlebte er indirekt Gott, er erlebte den Paramātmā genannten Teilaspekt des einen personenhaften Gottes, der eine ganz aus SEIN und ERKENNTNIS und GLÜCK bestehende Gestalt ist und der gemäß manchen Texten von einer gestaltlosen Glorie umgeben ist, die das Brahman heißt.
Doch der Ātmā hat Gott nicht unmittelbar als ein Gegenüber erlebt, sondern er "erlebte", ohne daß er es wußte, Gottes Nähe. Der Paramātmā, den er im Tiefschlaf dämmernd erlebte, ist ein Teilaspekt des Urgottes, welcher die "Sonne des reinen Seins" genannt wird.
Dieser Paramātmā ist
1) der stille "Zeuge", das heißt, Er schaut dem zu, was der Ātmā erlebt, der selbst gleichsam ein Partikelchen Licht der Bewußtseinssonne Gott ist.
2) der "Freund" des Ātmā. Er ist nahe, doch hütet Er sich, dem Freunde Seine Gegenwart aufzudrängen, der in Ausübung seines freien Willens sich einstmals von Ihm abgewandt hatte. Er hütet sich, ihn in irgendeiner Weise zu stören. Doch der Paramātmā verläßt den Ātmā nie. Er begleitet ihn auf seiner endlosen Irrfahrt durch zahllose menschliche und außermenschliche Schöße, die der Ātmā zuweilen durchwandern muß, ehe er sich wieder als Mensch erleben darf. Der Ātmā wandert durch überirdische Schöße, er wandert durch untermenschliche Schöße bis an die Grenzen eines Universums. Der Paramātmā, der den Freund nicht offensichtlich umarmen darf, gibt ihm doch im Tiefschlaf die Wonne Seiner Nähe.
3) Dieser Paramātmā, der immerdar beim Ātmā weilt, ohne ihn zu berühren oder von ihm berührt zu werden, ist der HERR. Ihm ergeben, erfüllt Seine Dienerin, die Māyā heißt, Seinen Willen. Diese Māyā hat zweierlei Funktionen. Sie ist, wie wir wissen, der Stoffesgrund aller Welten und Wesen. Und außerdem wirkt sie sich aus als die große Unwissenheit (avidyā), die dem Ātmā ein falsches "Ich" und "Mein" suggeriert.
So wie in den großen kosmischen Lebensprozessen Schöpfung, Erhaltung und Auflösung eines Universums erfolgen, so folgt im individuellen Lebensprozeß bei Menschen, Tieren und Göttern das Wachen, der Traum und der Tief schlaf aufeinander.
Wenn das Universum schläft und die Gestalten der Materie in die gestaltlose Materie eingehen und diese Materie (māyā) in der Nähe Gottes weilt, dann gehen die unzähligen Ātmās, die noch nicht Erkenntnis ihrer selbst und des "ewigen Freundes" erlangt haben, in einen langen tiefschlaf-ähnlichen Zustand ein, von der feinstofflichen Hülle verhüllt, aber getrennt von der grobstofflichen Hülle des physischen Leibes. Dieser Zustand währt ebenso lange wie die Zeitspanne von der Entstehung bis zur vollständigen Auflösung eines Universums. In der kosmischen Nacht weilt dann der Ātmā, während sein Ich zeitweise ausgelöscht ist. Umgeben von seiner feinstofflichen Hülle ist er zusammen mit unzähligen anderen Ātmās in der Nähe Gottes.
Da Gott nach den Śāstras weder den Gesetzen von Zeit und Raum unserer Māyā-Welt noch irgendwelchen anderen Gesetzen unterworfen ist, die in unserer Welt sowohl im Physischen wie im Psychischen gültig sind, bietet es keine Schwierigkeit, sich vorzustellen, daß Gott als Herr über dem

Universum ist und gleichzeitig als der innere Freund jeden Ātmā begleitet, auch wenn dieser in die winzigste und schäbigste Hülle steigt.
Die Ātmās sind zahllos; der Paramātmā ist Einer. Während innerhalb der Welt der Māyāgesetze eine Person jeweils nur an einem Orte sein kann, unterliegt der Paramatma diesem Gesetze nicht. Er, der Eine, ist gleichzeitig bei allen Ātmās in der Māyā-Welt, ist also dort in einer ins Zahllose vervielfältigten Gestalt Seiner Selbst, die doch eine Person ist.
Der Herr ist in der Nähe. Seine bloße Nähe hat die Folge, daß der Ātmā, der sich mit seiner (jeweiligen) Hülle identifiziert hat, stets das erlebt – sei es mit seinen Sinnesorganen als die Außenwelt, sei es in seinem inneren Sinn als eine geistige Welt – was ihm in Auswirkung seines eigenen früheren Denkens und Tuns zusteht. Es ist die Nähe des Paramātmā, die dafür sorgt, daß in unfaßbarer Gerechtigkeit der Ātmā jeweils diejenige physische Hülle empfängt und in seinem Geist denjenigen individuellen Charakter erhält, wie es den Folgen seines eigenen einstigen Wirkens (karma) entspricht. Durch seine Verhaltensweise, sein bewußtes und unbewußtes Begehren und entsprechend der Befolgung oder Nichtbefolgung dessen, was die Śāstras als die Ordnung des Heils lehren, entstehen Eindrücke, kraftvolle Impulse, die ständig bereit sind, hervorzubrechen. Doch bestimmen diese Impulse nur, was dem Ātmā als Frucht seiner eigenen früheren Taten zusteht; nicht aber geben sie ihm diese Frucht, wie andere, nicht in den Veden gründende Systeme indischen Denkens, z. B. der Buddhismus, es lehren. Was einem zusteht, bestimmt man selbst; daß man es wirklich erhält, ist die Folge von Gottes Gegenwart, ohne daß es dabei eines besonderen Willensaktes Gottes bedürfte.
Es hat in Indien extrem idealistische Interpretationen gegeben, welche die Welt des Wachzustandes und die Welt des Traumes als "Schöpfung" des individuellen Geistes ansehen. Doch lehnen die Śāstras diese Theorie ab. Die Welt des Tages und des Traumes besteht den Śāstras zufolge aus konkretem Stoff, der grob oder fein, doch nicht ein Produkt des menschlichen Geistes ist. Die Welt ist im Sinne der Śāstras keineswegs eine subjektive Welt, sondern sie ist eine objektiv bestehende Welt. Sie besteht aus dem Stoffe der Materie oder Māyā (pradhāna). Da diese Materie Gott untersteht und ohne diesen ewigen Grund allen Seins gar nicht wäre, ist also letzten Endes auch die vielfältige Welt des Tages und des Traumes Schöpfung Gottes.
Es bedarf kaum einer Erwähnung, daß in noch größerem Maß als der individuelle Ātmā, der Paramātmā, der Gott, Freund und Herr ist, ganz außerhalb der Erfahrungsgrenze der Sinne, sowohl der äußeren wie der inneren Sinne, steht. Das heißt also, normalerweise kann der natürliche Mensch von sich aus Gottes Vorhandensein weder erleben, noch gedanklich erschließen, noch ahnen. Intuitive Ahnung erklärt sich nicht durch ein Sehen, ein intuitiv Erfassen-Können, sondern daraus, daß dieser Mensch in einer oder mehreren oder sehr vielen früheren Existenzformen in anderen Leibeshüllen von Gottes Existenz hörte und tief im "Unterbewußtsein" die Erinnerung daran da ist und aus bestimmten Gründen "aufleuchtet".
Der früher erwähnte vierte natürliche, aber außergewöhnliche Zustand ist der Zustand der Ohnmacht. Dort, wo in der Ohnmacht nur die Funktionen der physischen Sinne aussetzen, bezieht sich das "Ich" auf die innere Hülle, dort, wo auch der innere Sinn aussetzt, ist das "Ich" zeitweise ausgeschaltet, und der Zustand ist dem Tiefschlafzustand ähnlich.

Dieser Ohnmachtszustand wird in den Śāstras als ein halber Zustand bezeichnet, er ist nur ein Übergangszustand.
Das Ichgefühl umfaßt also entweder
1) im Wachzustand den ganzen Menschen, vom groben physischen Leib bis zum inneren Sinn und alles, was von ihm erlebt wird;
2) den feinstofflichen Leib mit allem, was während des Träumens von ihm erlebt wird und
3) überhaupt nichts im Tiefschlaf und in der Moha-Form der Ohnmacht.
Die anderen Funktionen des "inneren Sinns" sind: das Citta, das Manas und die Buddhi, die rezeptiv-passive, willenshafte und emotionale und intellektuelle Wirkweisen sind.
Ihrer Natur nach sind diese drei, ebenso wie das Ich (Ahaṅkāra) feiner physischer Stoff, der aber durch die Identifikation des Ātmā mit ihnen lebendig wird, zur Tätigkeit befähigt wird.
So wie der Ātmā durch die von der Māyā gelieferte Klammer des illusionären Ichgefühls sich mit den Hüllen eins zu sein dünkt und er ein neues falsches Ichbewußtsein erhält und dadurch seine wahre echte Seinsweise "gebrochen", verändert und entstellt wird, so wird auch das reine Erkenntnissein des Ātmā, seine lautere Aufnahmefähigkeit und Rezeptivität, die Kraft des reinen Wollens und Fühlens und des reinen klaren Erkennens, Entscheidens und Sich-Erinnern-Könnens verfinstert und gelähmt. Das, was Veränderungen in einer Sache hervorruft, aber ihre eigene Funktion nicht ganz unterbindet, sondern nur entstellt, nennen die Śāstras "Upādhi". So etwa wie Feuchtigkeit, dem Brennholz zugefügt, ein Upādhi ist, der verursacht, daß das Feuer wohl brennt, aber mit einem dichten Qualm, so ähnlich ergeht es dem Ātmā in den Hüllen; er ist von Upādhis bedeckt.
Der Ātmā, der an sich unmittelbar erkennen, wollen, fühlen, handeln kann, verliert diese Fähigkeit und erkennt, will, fühlt und handelt nunmehr bloß mittelbar, d. h. mit Hilfe des inneren Sinns, des Antaḥkaraṇa. Sein Erkennen, Fühlen, Handeln, Wollen ist nun das Erkennen, Fühlen, Handeln, Wollen des Menschen und hat teil an allen Defekten des inneren Sinnes und der feinen Tat- und Erkenntnissinne sowie der groben Sinnesorgane des Leibes.
Diese Defekte sind:
1) Bhrama – der Mensch kann sich irren (ein Seil für eine Schlange halten).
2) Pramāda – ein Aspekt einer Sache (grob oder fein, eine Furcht oder eine Idee) beeindruckt ihn so sehr, daß er andere Aspekte dieser Sache unberücksichtigt läßt.
3) Karaṇāpāṭava – die Begrenztheit der Sinne. Die groben Sinnesorgane vermögen bestimmte Dinge überhaupt nicht zu registrieren, und die feinen Sinne vermögen einen Teil der Erfahrung der äußeren Sinne nicht weiterzuleiten – und der innere Sinn kann die engen Grenzen, die ihm gesetzt sind, nicht überschreiten, er muß innerhalb der Kategorie von Zeit und Raum verbleiben, er muß deren Gesetzen entsprechend erleben und denken, innerhalb der physikalischen und anderen Naturgesetze und den Gesetzen der Logik und Mathematik, die alle, wie die Śāstras sagen, nur für die begrenzte Messenswelt der Māyā gelten, aber keineswegs für die Cit-Wirklichkeit.
4) Vipralipsā – er ist geneigt, unter bestimmten Willens- und Gemütsimpulsen das, was er tatsächlich erlebt – physisch oder geistig – zu verfälschen, nicht gelten zu lassen, weil es ihm selbst nicht zusagt, weil er recht behalten will, vor sich selbst und vor anderen.

Also: außer den objektiven Defekten seiner äußeren Sinnesorgane, der "feineren Sinne" und des "inneren Sinnes", sind subjektive Defekte da, die ein Erleben und eine Erkenntnis der Objekte seiner Welt verfälschen, entstellen müssen.
Die Erfahrungen anderer helfen ihm zwar bis zu einem gewissen Grade, gewisse Fehlerquellen auszuschließen, da jedoch die Erkenntnismittel anderer Menschen prinzipiell die gleichen sind wie seine eigenen, vermag auch diese Hilfe ihm keine objektive Sacherkenntnis zu geben. Auch wenn von der Erkenntnis der Welt des Ātmā, der Cit-Welt, ganz abgesehen wird, ist zur klaren, treuen Wirklichkeitserkenntnis der Welt vom Menschen her überhaupt kein Zugang. Alle seine Erkenntnis wird ja gewonnen, nachdem die Wirklichkeit durch das Sieb der Defekte seiner inneren und äußeren Sinne hindurch gefiltert und entstellt worden ist.
Die subjektiven Defekte, die je nach dem Charakter und den Eigenschaften des Menschen, entsprechend seinen äußeren und inneren Hüllen, verschieden sind, werden erkennbar, wenn man analysiert, wie der "innere Sinn" (antaḥkaraṇa) arbeitet.
Was und wie etwas erlebt wird – leidvoll oder freudvoll –, wird mit Hilfe des Antaḥkaraṇa erfahren. Die groben und feinen äußeren Sinne werden von äußeren Objekten "berührt". Durch Vermittlung dieser äußeren Sinne berühren die äußeren Objekte das Antaḥkaraṇa. Berührt werden bedeutet, verändert werden, das Antaḥkaraṇa wird beeinflußt. Ein warmes Bett wirkt auf das Antaḥkaraṇa ein, es erlebt Wohl, doch keineswegs immer, nur dann, wenn es kalt ist. Dieselbe Sache mag also zu gewissen Zeiten Wohl geben, zu anderen Zeiten Leid geben. Was jetzt als Leid empfunden wird, kann später als Freude empfunden werden. Und dieselbe Sache vermag entgegengesetzte Empfindung von Wohl oder Leid hervorzurufen, bald Freude, bald Leid. Aber nie kann Freude gleichzeitig als Leid empfunden werden oder Leid gleichzeitig als Freude. Das Antaḥkaraṇa macht bestimmte Erfahrungen von dem, was ihm Leid oder Freude gibt. Beide Erfahrungen hinterlassen einen Eindruck, eine Erinnerung an das, was Freude und Leid ist und welches Objekt Wohl oder Leid hervorrief. Dieser Eindruck erfolgt in der Citta-Schicht des Antaḥkaraṇa. Aber die Bereitschaft, etwas zu erleben, liegt im Manas. Der Eindruck beeinflußt das Antaḥkaraṇa. Nun begehrt das Manas unbewußt oder bewußt aufgrund dieses Eindrucks, das, was als Freude erlebt wurde, nochmals zu erleben, und es sinnt über diesen Gegenstand, der Freude verursachte, begierig nach. Es entsteht Lust (kāma). Doch auch das, was Leid hervorrief, bleibt als Eindruck, und der Gegenstand, der Leid hervorrief, wird vom Manas heftig abgelehnt; es entsteht Haß (krodha).
Das Antaḥkaraṇa ist eine Einheit, deren einzelne Schichten in einer Wechselbeziehung von gegenseitiger Beeinflussung stehen. Es ist ein mehrschichtiges Erkenntnisorgan. Der Eindruck erfolgte im Citta. Wäre das Citta "rein" wie ein lauterer Spiegel und allein, unbegleitet von Manas und Buddhi, so bliebe es bei einem bloß registrierenden Eindruck, ohne jeden Wertakzent. Das Manas aber "reagiert" mit Lust oder Haß, Begehren oder Ablehnen. Und nun setzt die Funktion der Buddhi ein; sie muß den Gegenstand, der Leid oder Freude verursachte, analysieren, d. h. untersuchen, was er ist, wo er ist, wie er von neuem zu erlangen ist. Und unter dem Einfluß des Begehrens des Manas überlegt nun der Mensch und sucht Wege, um sich neuerdings den Gegenstand, der früher Wohl gab, zu verschaffen. Es ist der Intellekt des Menschen, die Buddhi, die im Dienste des Begehrens steht

und also keineswegs frei ist, um die Dinge, wie sie an sich selbst sind, zu erkennen und zu bewerten. Und so schwillt das Begehren. Das Citta wird mehr und mehr von Eindrücken belastet und beunruhigt, die Buddhi muß reger und reger arbeiten – alles um des Erlangens von Wohl und um der Vermeidung des Leides willen. Der Intellekt, die Buddhi, ist oftmals wie eine Laterne, die den Weg, der zum Genuß führt, erleuchtet.

Nun sind die Charaktere der Menschen verschieden. In der Sprache der Śāstras wird von drei Arten des Charakters, d. h. von den drei Qualitäten (guṇa) der Māyā, gesprochen, von Sattva, Rajas und Tamas. Es seien drei extreme Beispiele gegeben. Der ruhevolle Mensch, in welchem der Sattva-guṇa der großen Māyā vorwiegt, findet mehr Freude an Dingen, die "edel" sind, und seine Lust besteht in einem klaren Frieden. Der tätige Mensch, in dem der Rajo-guṇa der Māyā vorwiegt, findet mehr Freude an Dingen, die ihn aufreizen, aufstacheln, beunruhigen; seine Freude besteht in der Unruhe des Lebens. Der Träge, in welchem der Tamo-guṇa der Māyā vorwiegt, findet seine Freude an Dingen, die ihn einschläfern, seine Lust besteht im kotigen anstrengungslosen Genuß und im stumpfen, blöden Vor-sich-Hindösen und Schlafen.

Alle Menschen aber sind Sklaven des Begehrens und wollen – bewußt oder unbewußt – mit Hilfe der von Begehren angetriebenen Buddhi und mit Hilfe des von Begehren getriebenen Manas das erreichen, was sie für das Wohl halten.

Die Eindrücke von früher erlebter Lust, erlebtem Leid, erlittener Schmach und Erniedrigung werden Saṁskāras und Vāsanās genannt. Sie treiben die Buddhi und das Manas zu immer neuer Tätigkeit an.

Die Saṁskāras sind tief eingeprägte Denk-, Gefühls- und Erlebnisgewohnheiten, deren man sich im einzelnen gar nicht bewußt ist, deren man sich aber bewußt werden kann, wenn man es durch Selbst-beobachtung versucht. Die Saṁskāras stammen aus Eindrücken in früheren Lebensläufen. Sie gehören dem Bereiche an, den man im Abendland früher Schwellenbewußtsein, pre-consciousness nannte.

Die Vāsanās liegen noch viel tiefer im inneren Sinn, besonders im Citta eingebettet. Auch diese Lustkeime und Haßkeime stammen aus den Erfahrungen früherer Leben – mag man sich ihrer bewußt sein oder nicht –; sie flammen, sowie sich die Gelegenheit bietet, in heftigen Gemütsbewegungen, in Sympathie und Antipathie, leidenschaftlicher Lust und Haß usw. wieder auf und sie bestimmen den tiefliegenden eigentlichen Charakter eines Wesens und treiben es zu Handlungen an, beeinflussen die Funktionen von Manas und Buddhi und verleiten den Menschen oft zu unerwarteten Impulsen, die ihm selbst ganz fremd und unbegreiflich erscheinen. Diese Vāsanās liegen tiefverborgen im Citta und stellen den eigentlichen "Schmutz" dar, der verhindert, daß sich im Citta irdische oder gar göttliche Wirklichkeit treu spiegeln kann. Die lustbetonten und auch die leidbetonten Eindrücke aus früheren Leben und dem jetzigen Leben haben eine unerhört starke Kraft. Im Anfang eines irdischen Lebenslaufs ist das Begehren, das bewußte und das unbewußte, größtenteils noch latent. Doch beim Heranwachsen des Menschen, je mehr die Funktionen des inneren Sinns von Leben erfüllt werden und erstarken, tritt das Begehren immer offener zutage und wird eine gewaltige antreibende Kraft. Da das Manas an die Sinnendinge denkt, an ihnen haftet, sie sich vorstellt, zu ihnen hinstrebt, sie durch die Augen erlebt, von ihnen hört usw., wächst das Begehren noch stärker an und es ist am stärksten, wenn der Mensch beim Genusse des

Wohles schwelgt, z. B. im Orgasmus. Doch der Augenblick der Befriedigung, der Sättigung ist nur kurz. Die Eindrücke von früher her (vāsanā), durch den letzten Eindruck gesteigert, wirken von neuem. Und der Mensch sieht und hört, wohin er auch nur blickt, nichts als Material für seinen Genuß, Gegenstände seines Begehrens und seiner Lust.

"In der Begierde schmacht' ich nach Genuß,
und im Genuß verschmacht' ich nach Begierde."

Goethe

In der modernen Reklame-"Wissenschaft" wird dieses nie endende Wechselspiel zwischen Begierde und Genuß, die Auswirkung des Aufstachelns der Sinne durch erotische Bilder usw., untersucht und geschäftstüchtig ausgewertet. Die Śāstras sprechen von dem "Rade der Wandelwelt" (saṁsāra-cakra). Ohne daß der Mensch es ahnt, ist er an dieses Rad geflochten und wird von ihm von Leben zu Leben getrieben wie ein Stück Zuckerrohr. (Bhāgavata-purāṇa VII. 9, 22.)
Für den, der keinen Heilsweg geht, gibt es kein Entrinnen von dem Rad, denn des Menschen Urteilskraft (viveka-śakti, eine Funktion der Buddhi) ist zum Sklaven des Begehrens geworden, und der Mensch sieht die Dinge nicht so, wie sie sind, sondern so wie sie ihm, mit den Farben des Begehrens bemalt, erscheinen.
In den griechischen Mysterien lebte noch eine Ahnung dieser altindischen Psychologie. Auf der Insel Samothrake hat man z. B. eine Vase gefunden, darauf war ein sechzehnspeichiges Rad dargestellt mit der Zuschrift: "Vom Rad des Ixion bin ich herabgesprungen."
Das Begehren nach Lust ist die das Rad antreibende Kraft. Wenn diese Lust sich nicht durch Ausbeuten der Dinge austoben kann – entweder weil die äußeren Sinnesobjekte sich entziehen oder ihm von anderen entzogen werden –, verlagert sich seine Kraft noch stärker als vorher auf den inneren Sinn, das Antaḥkaraṇa; und das Manas, mit der Fähigkeit der Vorstellung vereint mit Buddhi, gestaltet nun eine geistige Welt der Dichtung, Kunst usw. in der Beschäftigung mit sogenannten höheren Dingen, die nicht bloß grobsinnlich sind. Wo das Begehren sich nicht mehr konkret ausleben kann, wirkt es sich stärker im Geistig-Intellektuellen aus und das Antaḥkaraṇa erlebt Freude und Leid in einer geistigen Welt.
Dort, wo entweder wegen des Sichverbrauchens beim Altern des physischen Leibes oder durch die bittere Erfahrung der Vergänglichkeit aller Sinnesobjekte eine Abwendung von der sinnlichen Erfahrungswelt erfolgt, treibt das unausrottbare Begehren nach größerem oder feinerem Genuß das Manas und die Buddhi an, eine geistige ideale Welt zu erfinden, eine "höhere" Welt, in welcher der Mensch nach der Art der Dinge dieser Welt, aber idealisiert, sublimiert, diejenigen Objekte wiederfindet, die ihm Wohl geben und, da sie Wohl geben, erneut starke lustbetonte Eindrücke hinterlassen, die sich als Impulse wieder auswirken müssen.
Die Eindrücke (saṁskāra, vāsanā), in denen alles registriert ist, was in zahllosen Existenzformen in immer neuen Leibeshüllen jemals erlebt wurde, von der ersten Existenz des Ātmā in einer Leibeshülle bis zum gegenwärtigen Menschen, sind eine unerhörte innere Last. Zwar wirken sich diese Saṁskāras im Vollzug des Schicksals allmählich aus, doch werden sie immer wieder durch neue lustbetonte und leidbetonte Eindrücke ersetzt.

In einem Wachtraum sah ich einmal viele Menschen wie in einem Bahnhof unterirdische Treppen keuchend auf und ab wandern. Sie alle schleppten schwere Taschen und Koffer, Unmengen von Gepäck mit sich. Durch die Todespforte schleppten sie alle mühsam die Bürde vergangener Eindrücke, Begehrungen, Lust und Haß von Leben zu Leben.
Um das zu verstehen, müssen wir beachten, was im Sinn der Śāstras beim Tode des Menschen geschieht. Der Ātmā hat weder Geburt noch Tod, er ist ewig. Anfangslos und scheinbar endlos dauernd ist die feine geistige Hülle mit den Pranas, den feinen Sinnen und dem inneren Sinn. Wenn der Tod, d. h. die Vernichtung der äußeren Hülle des fleischlichen Leibes, hereinbricht, dann setzt auch die Trennung der geistigen Hülle von der physischen Hülle ein. Das Ichbewußtsein, demzufolge der Ātmā meinte, er sei dieser bestimmte physische Leib, wird schwächer, und damit wird auch das Gefühl des "mein" zu dem eigenen Leib und zur Umwelt immer blasser und blasser. Sobald, von Umstehenden her gesehen, das Leben (prāṇa) den Leib verlassen zu haben scheint, vergeht das Ichbewußtsein im Hinblick auf den physischen Leib, und je nach dem stärksten tiefsten Eindruck, d. h. je nach dem Gegenstand, an den das lustbewegte Manas am stärksten dachte und haftete, formt sich nun im inneren Sinn durch die Kraft der Vorstellung das Bild einer neuen äußeren Hülle, und ein neues Ichgefühl entsteht; zuerst in bezug auf einen bloß vorgestellten physischen Leib. Zum Beispiel, wenn bei einem Menschen im Bewußtsein oder Unterbewußtsein das Denken und Erleben der Sexualqualität einer weiblichen Gestalt vorherrschte, ergreift das Begehren beim Eintreten des Todes mit Hilfe der Vorstellungskraft das Bild einer Frau. Der Ātmā erhält ein neues falsches Ichgefühl in bezug auf die vorerst bloß vorgestellte äußere "Hülle" Frau, und dann erst verläßt der Ātmā mit seiner feinen Hülle den bisherigen Leib. So wie eine Raupe das eine Blatt nicht verläßt, ehe sie das nächste Blatt ergriffen hat, so verläßt der Ātmā mit dem feinen Leib die grobphysische Hülle nicht früher, als geistig ein neuer Leib ergriffen wurde. Dem Bilde "Frau" entsprechend erhält der Ātmā dann die Leibeshülle eines Weibes. Die mannigfaltigen Wege des zu neuer "Geburt" hinstrebenden Ātmā, das Auswählen einer Vererbungslinie und des neuen Elternpaars und des Mutterschoßes werden in den Śāstras eingehend beschrieben.
Es ist nun keineswegs möglich, zu wissen, was den stärksten Eindruck im Antaḥkaraṇa hinterlassen hat. Denn das ist der Buddhi unzugänglich, liegt im Unterbewußtsein. Im Tagesbewußtsein ist es ja auch unmöglich, zu erkennen, an welchen Dingen ich, während ich wache, nun wirklich mit meinem Begehren anhafte, was die mir selbst verborgenen Wunschbilder sind.
Freilich kann durch bewußtes Üben die Buddhi-Funktion des inneren Sinns ihre Einflußwelt erweitern und gewisse Dinge bewußt tun, ebenso wie es in hohem Maß der Yogī vermag. Dieser kann aus der Menge der im Unterbewußtsein niedergelegten Eindrücke bestimmte Eindrücke ins Blickfeld rücken und sich dadurch bewußt machen, in welcher physischen Hülle er in anderen Leben vor diesem gegenwärtigen menschlichen Leben war.
Die Eindrücke im Citta stammen aus unzähligen Formen der physischen Hüllen. Gemäß den Śāstras ist es keineswegs leicht und keineswegs sehr häufig, daß auf ein Menschsein wieder ein Menschsein folgt. Die Eindrücke stammen aus allen erdenklichen Zeiten der Geschichte des gegenwärtigen Universums. Es sind also Eindrücke aus allen Kulturperioden der Mensch-

heit im Citta festgehalten, und irgendeiner dieser vielen Eindrücke kann aus dem Unterbewußtsein ins Bewußtsein dringen.
Daß aus der Masse der Eindrücke im Unterbewußtsein (citta) bestimmte Eindrücke heraustreten und das Manas dazu veranlassen, diese Eindrücke gedanklich aufzunehmen und zu einem Gegenstand des Begehrens zu machen, bestimmt keineswegs bloß die Art der Lebensweise und Denkweise des Individuums in diesem Leben oder im vorhergehenden Leben, sondern die Kraft des stillen Zeugen, des Paramātmā. Welche Eindrücke bestimmend wirken werden, hängt von der Stärke der verschiedenen Vāsanās ab, die aus unendlich vielen Daseinsformen aufgespeichert sind. Die Śāstras sind nun weniger an der historischen Verfolgung der Struktur bestimmter Eindrücke im Citta aus dieser oder früheren Existenzformen interessiert als an der Frage: wie kann der Ātmā aus dem Wirbel dieses blinden Kreislaufes herauskommen?
1) Wie kann er frei werden von dem falschen Ichgefühl in bezug auf den physischen und psychischen Leib, der er gar nicht ist? Und wie kann er frei werden von dem diesem "Leib" und "Geist" entsprechenden und ebenso falschen "mein" und "dein" und "sein"?
2) Wie kann der Ātmā sich frei machen von einer endlosen Reihe von äußerst wirksamen Eindrücken, die lustbetont sind und Lust und Erleben antreiben und steigern und damit nicht nur neue "Eindrücke" schaffen, sondern den "Knoten des Herzens", das falsche Ichgefühl, nur noch stärker werden lassen?
Die Schwierigkeit liegt darin, daß das Begehren im Manas die Tätigkeit der Buddhi (der Verstandeskraft) dazu benützt, um die falsche Überzeugung zu erhalten und zu festigen, daß es außer dem gegenwärtigen Leben kein anderes Leben gibt, daß dieses "Ich" das einzige und wirkliche Ich ist und es überhaupt keinen Ātmā gibt. Ablehnung des Ātmā, Ablehnung Gottes und der Śāstras ist ein Akt der Selbstverteidigung der Lust.
Im Sinne der Offenbarung sind die Śāstras die Quellen für eine Erkenntnis, wie der Ātmā herauskommen kann
1) aus der Gefangenschaft dieses Ringes von einander sich bedingender und in Wechselwirkung sich stärkender Lust;
2) aus der Unfähigkeit zu klarer Urteilskraft und objektiver Erkenntnis, dem Schönfärben der Objekte des Erlebens und, als Folge davon, dem dementsprechenden Handeln und, dadurch, Wiedererwerben neuer Eindrücke, neuen Materials, das die Lust nährt;
3) aus der Illusion des falschen "Ich" und "mein";
4) wie der Ātmā aus den beiden Hüllen herauskommen kann, aus der physischen Hülle wie auch aus der einem brennenden Nessushemd gleichenden und unabstreifbar scheinenden psychischen Hülle.
Ehe wir uns mit diesen Heilswegen zur Erlösung des Ātmā befassen, sei noch auf eines hingewiesen. Da der Ātmā von Anfang an eine feine Hülle erhielt, welche die fünf Tat- und Erkenntnissinne in sich birgt, ergibt sich, daß jeder Ātmā, auch als Tier, Pflanze usw., unverlierbar die Möglichkeit erhielt, einmal auch eine menschliche physische Hülle bewohnen zu können. In diesem Sinn zielt die Schöpfung auf den Menschen ab, aber keineswegs so, daß der Ātmā erst Hüllen niedriger Wesen hätte und allmählich höhere erhielte, also eine Evolution im Sinne der westlichen Naturwissenschaft – von der Alge über das Säugetier zum Menschen; sondern der Ātmā erhält von vornherein eine feine Hülle, welche die Grundlage für ein Menschsein werden kann. Aber da es sich um einen anfangslosen Kreislauf

handelt, ist von einem Anfang einer biologischen Entwicklung keine Rede. Die menschlichen Formen in früherer Zeit waren nach den Angaben der Śāstras größer, vollkommener, von viel längerer Lebensdauer; der psychische Charakter war transparenter als in der Gegenwart. In einer früheren Epoche waren es Ātmās mit psychischen Hüllen, die sich bessere, zum Heilsweg mehr geeignete Leiber und Charaktere durch ihr Wirken in früheren Existenzformen verdient hatten als die Ātmās, die sich jene Art von Leibern und Charakteren als Hülle verdienten, wie wir sie in unserer Zeit auf der Erde erleben.
Gemäß den vedischen Urkunden liegt die Größe des Menschen nicht darin, daß er eine "ewige Seele" besitzt und die Tiere und anderen Wesen keine. Ein Tropfen göttlichen Lebens, ein individueller Ātmā, findet sich in jedem Lebewesen, dem höchsten und dem niedrigsten. Die Größe des Menschen liegt darin, daß er vermag, bewußt sein Karma abzuarbeiten, darüber hinauszugehen und zu wahrer Erkenntnis und zu nichts für sich selbst begehrender Liebe zu gelangen.
Im Bhāgavatam spricht Gott:

Wer diesen menschlichen Leib erlangt hat,
der ein Mittel ist, Mich zu erkennen
und der in Meiner heiligen Ordnung gründet,
der erlangt Mich,
den in ihm weilenden Paramātmā,
dessen Wesen göttliches Glück ist.

Bhāgavatam II, 26, 1

Lust

Es ist bekannt, daß die Inder – Jahrtausende früher als im Abendland – die erstaunlichsten Entdeckungen auf dem Gebiete der Mathematik und anderer Wissenschaften gemacht haben. Doch diese Erkenntnisse werden in den Offenbarungsurkunden Indiens nur nebenbei erwähnt. Denn die Śāstras handeln von dem, was wir moderne Natur und Geisteswissenschaft nennen, nur insoweit, als die Kenntnis und die praktische Auswirkung dieser Gegenstände dazu geeignet sind, die Umwelt und die Gesellschaft und auch den Leib und Geist so zu gestalten und zu beeinflussen, daß sie hilfreich für die Heilswege und die Erwerbung des Ātmā werden können.
Das bloße Streben nach Wissen mit dem Ziel der Befriedigung des Wissensdurstes und zur Sicherstellung eines Höchstmaßes von störungsfreien physischen oder geistigen Freuden und der Beschränkung des Leides auf ein Minimum, das, was der Mensch "Fortschritt" nennt, ist – von den Śāstras her gesehen – nur ein bedauerlicher Irrtum. In der indischen Offenbarung wird der Mensch wie ein Boot betrachtet, das dazu bestimmt ist, einen reißenden Strom erfolgreich zu überqueren. Zu diesem Zweck muß das Boot in gutem Stand gehalten werden. Doch ist es ein Mißverständnis, dem Boot an sich einen übertriebenen Wert beizumessen und es (im Verlauf endloser Wiedergeburten) in immer neuen Stilen zu dekorieren. Bei rechter Benutzung des Menschseins vermag das Menschentum für den gebundenen Ātmā ein Übergang zur Freiheit zu werden. Bei Mißbrauch des Menschseins aber wird die Menschenstufe für den Ātmā die Falltür zu noch

größerer Unfreiheit werden, wie sie das Leben in Tierhüllen, Pflanzenhüllen, Steinhüllen mit sich bringt. Es sind diese Bewußtseinszustände, in denen die Lebenskraft (prāṇa), die Tatsinne und Erkenntnissinne und der "innere Sinn" (der Geist) sich zum Teil nur äußerst beschränkt entfalten können. Noch weniger bleibt in diesen vererbten Seinsformen trüberen Bewußtseins von der Willensfreiheit, Handlungsfreiheit und Erkenntnisfreiheit, die der Ātmā in der Menschenhülle bis zu einem gewissen Grade noch hat, auch dann noch, wenn er, der seinem Wesen nach reines Bewußtsein ist, seine ursprüngliche Willenskraft, Handlungskraft und Erkenntniskraft längst einbüßte.
So bedauernswert ein irrer Mensch ist, der im Wahn sein Hemd und seinen Anzug für sein Fleisch und seine Haut hält, ebenso bedauernswert ist ein Ātmā, der meint, die Seele, der Geist und der physische Leib des Menschen seien er selbst, der also meint, er sei bloß ein Mensch. Ein Mensch, der meint, daß etwas an ihm ewig sei, ist genauso im Irrtum wie derjenige Mensch, der meint, daß seine physisch-psychische Menschenhülle etwas besonders Wertvolles sei. Denn auch die Menschenhülle ist nur eine den Veränderungen und der Vergänglichkeit unterworfene Gefängniskleidung, die ohne den Ātmā wertlos ist und die abgeworfen werden muß, wenn der Ātmā wieder werden soll, was sein eigentliches Wesen ist: ein Bürger des ewigen göttlichen Reiches, des Cit-Reiches. Jeder Mensch stellt bewußt oder unbewußt, entsprechend dem Vorherrschen einer der drei Triebkräfte der Māyā, der Finsternis (tamas), der rastlosen Aktivität (rajas) oder der lichten Harmonie (sattva), in seinem Wesen eine eigene Werttafel der Gegenstände und Genüsse auf, die ihm besonders begehrenswert erscheinen. Es können sexuelle, biologische, soziale, ökonomische, moralische, ästhetische, idealistische, philosophische oder auch religiöse Werte sein, die zum Ideal und Muster werden, nach denen er die Dinge der Welt gestalten möchte, damit sie ihm Freude geben – oder die er sich als Werte in einer zukünftigen Welt nach dem Tode erträumt.
Solange der Mensch nichts vom Ātmā weiß und sich bloß für den Menschen hält und keinen der verschiedenen Wege geht, die von den Śāstras gewiesen werden und die ihn Schritt für Schritt der Erkenntnis vom Wesen des Ātmā und der Freiheit vom Unwissen über sich selbst und schließlich der Freimachung des Ātmā von der Menschenhülle entgegenführen, ist er gemäß den Śāstras bloß ein mit höherem Intellekt begabtes Tier, ein Menschentier (narapaśu). Das bedeutet, daß das intellektuelle Tier zwar über die groben Genüsse hinaus wohl auch nach feineren geistigen Freuden strebt, aber genauso wie das Tier den Drängen nach Lust versklavt ist und demzufolge von dem fanatischen Glauben an die vermeintliche Wirklichkeit des illusorischen Ichs und von der Wichtigkeit dieses Ichs nicht loskommen kann.
Das intellektuelle Tier kümmert sich nicht um die Wege, auf denen durch die verschiedenen Methoden, die in den Śāstras angegeben sind, "der Knoten des Herzens" gelöst werden kann, der den ewigen Ātmā an den menschlichen Geist und die menschliche Leibeshülle fesselt. Erst dieser "Knoten" verursacht ja, daß der Mensch als solcher sich nicht nur für sehr wichtig hält, sondern überdies noch glaubt, am "Menschen" sei etwas Ewiges, eine persönliche Unsterblichkeit, die darin besteht, daß der irdische Mensch idealisiert, verklärt, mit seinem derzeitigen Charakter, aber seiner moralischen oder physischen Fehler und Schwächen entkleidet, in einem Reich der Unsterblichkeit erhalten bleibe. Es ist im Sinn der Śāstras der

blinde Trieb nach Lust, der den Verstand, das Gemüt, den Geist dazu antreibt, daß der Mensch glaubt, denkt, sich ausmalt, eine Einheit, eine Ganzheit zu sein, während doch, wie wir früher ausgeführt haben, zwei ganz wesensverschiedene Dinge, nämlich der ewige Ātmā und die groben und feinen vergänglichen Hüllen, durch die Klammer des illusorischen Ichs zusammengehalten sind. Das hat zur Folge, daß der Ātmā, der mit wahrem Ichgefühl, wahrem Leben, ewigem Sein, wahrem Glück und einem unmittelbar erkennenden Bewußtsein ausgestattet ist, das Bewußtsein seiner selbst und die ihm eigene Kraft verliert und sich mit den Hüllen identifiziert und diesen dumpfen Hüllen ein Leben verleiht, das nur ein geborgtes Leben ist, wobei er zum Sklaven der Lust wird, die dann wieder verursacht, daß der Mensch von allem lassen kann, aber nicht von seinem Ich.
In Weltanschauungen, wo nicht klar gewußt wird, was der Ātmā ist, wo also Unwissen über die Struktur des Menschen herrscht, gibt es vom Blickpunkt der indischen Urkunden keine Möglichkeit, daß der "Knoten des Herzens" zerschnitten wird und der Ātmā sein Heil erlangen kann. Die Śāstras sehen das höchste Heil des Menschen darin, daß vom Menschen überhaupt nichts, auch gar nichts bleibt, selbst nicht die feinste Schicht seines Bewußtseins oder Unterbewußtseins, die mit ihren Antrieben ja nur immer neue Verkörperungen, neue Bindungen in Menschenleibern oder anderen Leibern hervorrufen würde. Der Ātmā muß von der Menschenhülle völlig frei werden wie von einem lästigen physischen und geistigen Kleid, das einer Zwangsjacke gleicht, und das kann nur dadurch geschehen, daß dem Menschen gelehrt wird, wer er eigentlich ist, und daß er sich selbst als ein Mißverständnis erkennt und bereit ist, sich selbst auszulöschen. Das geschieht durch in Stufen angeordnete gründliche Methoden, in denen durch erleuchtete Überlegung und durch Unterscheidungskraft das so hoch geschätzte und doch illusionäre Ichbewußtsein der irdischen Persönlichkeit allmählich zum Verwittern gebracht wird und durch klare Erkenntnis der Geist (manas) und das Unterbewußtsein (citta), die beiden Throne der Lust, welche Ewigkeit will, erschüttert und zum Einsturz gebracht werden, wobei auch die Lust selbst als größter Feind vernichtet wird.
Solange der Geist sich selbstisch erhalten will und sich willig der Lust ergibt, um sich dadurch noch mehr zu steigern, ist der Geist des Menschen Feind, und er ist des Menschen Freund[3], wenn er bereit ist, sich selbst aufzugeben, wodurch der Thron der Lust zerbricht und die Lust selbst zunichte wird.
Doch leidenschaftliche Zuneigung und Abneigung, Liebe und Haß (Kāma und seine Entfaltungen) sind stark, und um sich selbst zu steigern und zu behaupten, lassen sie den Verstand (buddhi) und den Geist (manas) eine Theorie erfinden, die dem Menschen, das heißt seiner Lust, die Ewigkeit will, schmeichelt, und diese Theorie besagt: Der Wert einer Religion oder Philosophie muß darin bestehen, daß sie das menschliche Leben bereichert, erweitert, veredelt, verewigt und sie muß praktisch sein in dem Sinn, daß sie sich "im Leben bewährt".
Śāstra-Denken muss es scharf kritisieren, wenn zugunsten einer bloßen Idee, um eines abstrakten Ideals willen, das Leben verkümmert wird, also zugunsten der Seele, des Geistes, des sogenannten Ewigen im Menschen (der feinstofflichen Hülle), der Leib abgetötet werden soll. Von den Śāstras aus gesehen, ist es genauso töricht, den physischen Leib zu verherrlichen und

[3]Bhagavad-gītā 6, 5

zum Selbstzweck zu machen wie den Geist, die Seele, einseitig zu verherrlichen und verewigen zu wollen. Es ist ebenso töricht, die harmonische Entwicklung von Geist und Leib als Ideal zu betrachten.
In einem Vergleichsbild: Materialismus, Idealismus und die Harmonie beider sind Irrtümer; so wie es ein Irrtum wäre, wollte man den Anzug oder statt dessen das Hemd oder die Harmonie von Anzug und Hemd zum eigentlichen Selbstzweck machen – und den Menschen darüber vergessen.
Die Religionen des Fleisches wie die des Geistes und der Seele[4] oder der Harmonie von Fleisch und Geist stecken nicht nur knietief im Irrtum, sondern sie sind nichts als Irrtum selbst. Sie wurzeln beide in Unwissenheit.
Es ist ein großer Irrtum zu meinen, daß ein unfreier Ātmā, der Sklave eines falschen Ichs in der Hülle eines Menschen, dessen physisches und psychisches Leben gleichsam vom Ātmā nur geborgt ist, die Grundlage eines innerlich freien Menschen sein könne. Der Mensch, d. h. sein Leib und seine Seele, können nur dann licht und frei sein, wenn der Ātmā frei ist, d. h. wenn der Mensch versteht, daß in ihm dieser Ātmā ist und er in jenem Grade zur Freiheit des Ātmā beiträgt, als er sich selbst als vergängliche Hülle erkennt. Wenn der innere Sinn, das Antaḥkaraṇa, lustgeboren und Thron der Lust und von Lust ganz durchglüht, statt gegen das Heil des Ātmā zu wirken, dessen Heil fördert, "ent-lustet" wird und das falsche Ich auslöschen läßt und sich schließlich dem Ātmā zur Ausübung von dessen eigenen Funktionen völlig zur Verfügung stellt, d. h. wenn die äußere Welt und die des Geistes, statt Selbstzweck zu sein, Mittel zum Erkennen und Dienen und Lieben Gottes werden, dann entsteht eine grundsätzlich andere "Kultur", eine andere soziale Struktur, eine andere Kunst, eine andere Dichtung als diejenige, die wir in den auf die Hüllen bezogenen Kulturkreisen finden. Man könnte sagen, wenn alles am Menschen zu Ende ist, alles "verbrannt" ist, was wir als zum Menschsein gehörig verehren, dann erst fängt das Menschentum an, ein Menschentum zu sein, in dem nicht Fleisch und Geist einander widerstreiten und sich gegenseitig ausschließen oder eine Harmonie bilden wollen, sondern wo Fleisch und Geist, statt Zwangsjacken für den Ātmā zu sein, zu einer sauberen luftigen Kleidung werden. Das Ziel aber ist, daß Fleisch und Geist schließlich unter Führung des Ātmā, statt gottverloren wie bisher zu sein, willig werden, sich, mit jeder ihrer Funktionen, der gröbsten und der feinsten, in liebendem erkennendem Gott-Dienen hinzuopfern, und derart sich opfernd, ihre Konsumation erfüllen, sich zu "verbrennen".
Die verschiedenen Kulturen haben gewisse ethische und moralische Ordnungen, Gebote und Verbote, die bestimmte Handlungsweisen als Tugend oder Sünde, Pflicht oder Verbrechen werten und mit Belohnung oder Bestrafung belegen. Doch außer einigen wenigen allgemeinen Regeln besteht unter diesen Kulturen recht wenig Gemeinsames. Sitten und Gebräuche weichen stark voneinander ab, und was hier Tugend ist, ist dort Laster. Ja, auch innerhalb des selben Kulturkreises ist etwas bald Sünde, bald Tugend – Töten zum Beispiel. Außerdem werden diese Gebote und Verbote individuell sehr abwechslungsreich interpretiert. Die vedische Wortoffenbarung Gottes dagegen gibt eine Ordnung, nicht subjektiv vom Menschen her gesehen, sondern von Gott her gesehen, was nach Seiner

---

[4] Sofern der Begriff Geist oder Seele nicht im Sinne von Ātmā benutzt wird, der als das ewige unveränderliche Selbst, nicht mit den veränderlichen groben und feinen Hüllen identisch ist.

Ordnung heilvoll oder unheilvoll für die Befreiung des Ātmā ist. Es ist eine Ordnung, die zwar verschieden lautet für verschiedene Reifestufen des Menschen, d. h. verschiedene Stufen der Freiwerdung des Ātmā, die sich aber selbst nicht wandelt, und wenn die Menschen sie vergäßen oder wenn die Welt unterginge, so würde sie genauso wieder von neuem verkündet werden, wie sie auf einer vorhergehenden Erde bestand.
Schauen wir uns an, was diese Ordnung ist und wie sie stufenweise zur Selbsterkenntnis des Ātmā und zu seiner Befreiung führt und damit zum unmittelbaren Erkennen des ewigen Freundes, des Paramātmā, der den Ātmā ohne dessen Wissen auf seinen endlosen Irrfahrten begleitet und durch Seine bloße Nähe unfehlbare Gerechtigkeit verbürgt. Der "Freund" hindert den Ātmā nie an der Ausübung seiner freien Willensentscheidung. Er hindert ihn nicht, die Früchte der Sinnenwelt zu genießen. Der Paramātmā ist unparteiisch. Und doch hilft Er dem Ātmā liebend in jeder Weise, sobald dieser wieder zu sich selbst zurückstrebt und wieder sein will, was er seinem Wesen nach eigentlich immer ist: Sein-Erkenntnis-Glück (sad-cid-ānanda), also zum Reich des Ewigen gehörig und nicht zum Reich der Veränderung und des Stoffes.
Die Beziehung zwischen dem individuellen Ātmā und dem ewigen Freund, dem Paramātmā, der als innerer Anschauer in allen Wesen weilt, wird in den vedischen Offenbarungsurkunden in dem berühmten Bild von den zwei Vögeln angedeutet, die in demselben Baume, dem Leibe, wohnen:

Zwei Vögel, wohlvertraute Freunde,
sie wohnen in demselben Baum (dem Leib).
Der eine ißt die süßen Beeren
(die süßen und bitteren Beeren der Sinnenwelt).
Der andere schaut bloß, ohne zu essen.

Ṛg-Veda I, 164, 20, Muṇḍaka-Upaniṣad III, 1, 1

In diesem Baum ist der eine der beiden, der Ātmā, tief hinabgesunken,
(er glaubt, der zugängliche Leib zu sein)
und er grämt sich wegen seiner Machtlosigkeit.
Doch wenn er den anderen (dem er diente), den Erfreuten, erblickt,
den allmächtigen Gott und Seine Größe.
da wird er frei vom Gram.

Wenn der Seher schaut den Goldglänzenden,
den Schöpfer, die göttliche Person, den Allherrscher,
die Wiege des Weltenbildners Brahmā,
dann empfängt er Erkenntnis,
da schüttelt er ab
Sünde und Tugend (Rajas und Tamas und auch Sattva schüttelt er ab),
und unbefleckt erlangt er höchste Harmonie (mit Ihm).

Muṇḍaka-Upaniṣad III, 1, 2-3

3
Heilswege des menschlichen Lebens

Das höchste Geheimnis des Vedānta,
das in einer früheren Weltschöpfung ausgesprochen wurde,
ist keinem mitzuteilen,
der nicht Frieden erlangt hat,
keinem, der kein würdiger Sohn
und kein würdiger Schüler ist.

Denn die Reichtümer
(der ewigen göttlichen Wirklichkeit)
leuchten nur auf in einem Großherzigen (mahātmā),
der höchste Bhakti,
dienende erkennende Liebe,
zu Gott hat
und wie zu Gott auch zum Guru;
nur in diesem Großherzigen
leuchten sie auf.

Śvetāśvatara-Upaniṣad 6, 22-23

Karmayoga

Es ist ein langer Weg, der schließlich dazu führt, daß der Ātmā von dem "Knoten" frei wird, der ihn an den Menschen bindet, also daß der Ātmā sich des Menschen von Grund aus entledigt. Der erste Schritt auf diesem Weg ist die Befolgung des Karmayoga. Dieser Karmayoga bedeutet eine solche Tätigkeit (karma), die zur Verbindung (yoga) des Ātmā mit Gott führt, von dem sich der Ātmā als Folge seines Genießenwollens durch seine Identifikation mit den "Hüllen" abgetrennt hat.

Karma ist hier also keineswegs Wirken, Aktivität überhaupt oder Erfüllung seiner Pflicht, d. h. dessen, was der Mensch mit bester Überzeugung für seine Pflicht hält, sondern die Erfüllung der Pflicht und das Wirken und solche Tätigkeit, die Gott selbst in den Śāstras anordnet. Die Gnade Gottes besteht in der Mitteilung dieser Pflichten. Der Mensch mag je nach seinem besten Glauben und Denken, je nach der Kultur, in der er aufwächst, meinen, dies oder jenes sei das wirklich Gute und die vollkommenste Auffassung der Pflicht. Doch da er nicht weiß und nicht erfahren hat, wer Ātmā und Gott sind, kann er gar nicht wissen, ob das, was er für seine Pflicht hält, ihn auch wirklich nur einen Schritt der Ātmā-Erkenntnis und Gott-Erkenntnis näherbringt oder ob es ihn davon entfernt. Ja, die verschiedenen Religionen und Philosophien der Welt, so edel, so schön und wertvoll sie auch sein mögen, sind im Sinn der vedischen Urkunden nicht fähig zu bestimmen, was gut und böse ist, d. h. was zur Erlösung des Ātmā führt; denn sie haben nicht einmal einen klaren Begriff von dem, was der Ātmā ist, sondern versuchen immer wieder, etwas vom Menschen, wenn auch geheiligt, veredelt, verklärt, in die Ewigkeit hinüberzuretten und dem Selbsterhaltungstrieb des Menschen mit der Vorstellung einer persönlichen Unsterblichkeit zu schmeicheln. Die Größe des Menschen aber besteht nach den Śāstras nicht darin, daß am Menschen etwas wäre, was göttlich oder ewig ist oder sein könnte, sondern daß der Mensch diejenige Verhüllung des Ātmā ist, in der befindlich der Ātmā allmählich zur Erkenntnis seiner selbst und zur Gott-Erkenntnis gelangen kann, falls er in einer Kultur lebt, in der er zu vernehmen vermag, was die Śāstras über seine Pflicht sagen und wie er sie auswirken kann.

Die Śāstras verkünden:

"In Bhāratavarṣa (Indien) vermag es zu geschehen, daß durch Geburten als Mensch und durch Erfüllung seines Wirkens – Weiss, Rot, Schwarz[5] –, nachdem er durch viele Geburten hindurchgegangen ist, als überirdische, menschliche und untermenschliche Wesen, in allmählicher Entwicklung, die rechte Erfüllung seiner Pflicht schliesslich zur Freiheit des Ātmā führt." (Siehe Bhāgavata-purāṇa V, 19. 19)

Mit der rechten Erfüllung der Pflicht ist kein allgemeines Gebot, sozusagen eine absolute Ethik gemeint, die für den Menschen als solchen überhaupt Geltung hätte, ganz ungeachtet, welchen Charakter sein Leib und Geist hat, sondern die rechte Erfüllung der Pflicht ist verschieden. Je nach dem Vorwiegen der stillen Lichtheit (sattva) oder des unsteten Tätigkeitstriebes

---

[5] Weiss, Rot und Schwarz bedeuten keine Hautfarben. "Weiss" bedeutet ein Wesen, in dem der Sattva-guṇa vorherrscht, "Rot" ein Wesen, in dem der Rajas-guṇa vorherrscht, "Schwarz" ein Wesen, in dem der Tamas-guṇa dominiert.

(rajas) oder der dumpfen Trägheit eines anstrengungslosen niederen Sinnenlebens (tamas), je nach dem Vorwiegen eines dieser drei, die in keinem Menschen ungemischt wirken, zerfällt im Sinne der vedischen Offenbarungsurkunden die Gesamtheit der Menschen, welche die Veden oder Śāstras als Autorität anerkennen, in vier Gruppen, die auch als Kasten (wörtlich Varṇa, Farben, Farben des Charakters) bezeichnet werden:
Sattva vorherrschend: Brāhmaṇa
Sattva, von stärkerem Rajas überlagert: Kṣatriya
Rajas, von stärkerem Tamas überlagert: Vaiśya (Händler, Ackerbauer)
Tamas vorherrschend: Śūdras (im Dienste der anderen Kasten beschäftigt, Arbeiter), Menschen mit Asura-Charakter, die sich nicht um das Varṇa-System kümmern.
Dabei ist zu beachten, daß im heutigen Indien diese Gesellschaft nicht mehr besteht, denn weder die Gesellschaft noch die Regierung erkennt die Autorität der Veden an. Die Gesellschaft in Indien ist heute nicht mehr nach Prinzipien der Charakterformung des Individuums, sondern nach der Familienzugehörigkeit geordnet.
Jede dieser vier Gruppen hat von den Śāstras genau festgelegte Pflichten, deren Übertretung "Sünde" und deren Befolgung "Tugend" ist. Das bedeutet, die Erfüllung oder Nichterfüllung der Pflichten hat jeweils ihre bestimmten Folgen, sei es
1) schon in dieser Welt in der Auswirkung auf den eigenen Leib und Geist oder in Form der Bestrafung durch die weltliche Gewalt, die darüber zu wachen hat, daß jeder seine Pflicht tut; sei es
2) Folgen für die nächste Geburt. Wiegt die Tugend vor, erhält der Ātmā einen feinen physischen Leib in einer übermenschlichen Welt, die aber noch immer innerhalb des Universums von Raum und Zeit liegt. Es ist die Welt der Devas. Oder der Ātmā erhält als Strafe einen dumpfen Leib in der tierischen oder pflanzlichen Welt, der Geisterwelt usw.

Der Leib des Menschen währt so lange, als derjenige Teil seines Tuns und Denkens in früheren Leben, als dessen Frucht er den vorliegenden Leib erhielt, sich auswirkt. Wenn die Kraft der Auswirkung dieser einstigen Taten verbraucht ist, erfolgt der Tod. Ebenso währt der Leib eines Devas oder eines Tieres so lange, bis das sich in diesem Leib auswirkende Karma aufgebraucht ist.
Ein wichtiger Teil der Pflichten ist die Zufriedenstellung derjenigen Devas, welche die Verwalter der irdischen Güter sind; sie erfolgt durch die Verehrung der Devas durch kultische Opfer, deren Zentrum bestimmte Dedikations- und Preisformeln, Mantras, sind. Die Mantras begleiten die Darbietung der Opfergaben[6], und es ist das feine, subtile Substrat dieser Mantras und Opferspeisen, das die Götter befriedigt.
Auf dem ersten Wegstück des Karmayoga wird der Mensch unterwiesen, diese Opfer zu tun, dabei aber zu bedenken, daß diese Götter das, was dem Menschen durch sein Wirken zusteht, zwar etwas beschleunigt geben können, aber keineswegs etwas, was außerhalb ihres Bereiches liegt. Überdies wird eingeschärft, daß diese Opfer usw. nach peinlich genauen Regeln und Vorbereitungen und viel Aufwand an Zeit, Energie und Geld zu

---

6 Die Opfergaben sind verschieden, je nach dem Charakter der Menschengruppe, welcher der Opfernde angehört. Tieropfer sind zugelassen für barbarische Menschen (Asuras), in denen die Finsternis der Tamas-guṇa vorherrscht.

tun sind und daß außerdem ihre Ergebnisse keineswegs einen dauernden Glückszustand herbeiführen können, denn nicht nur diese irdische Welt und ihre Dinge, sondern auch die Himmel der Devas und deren Genüsse sind der Vergänglichkeit unterworfen.
Der Mensch, ganz gleich welcher der vier Gruppen (Kasten) und welchem Lebensstand er zugehört, ob er unverheiratet, verheiratet, Mönch oder Waldsiedler ist, wird angetrieben durch Lust, doch unterscheidet sich dieser Mensch von den Menschen anderer Kulturkreise dadurch, daß er eben die Śāstras als bindende Autorität für alle Lebensfragen und Gottesfragen ansieht und danach zu handeln versucht.
Auch diesem Menschen, der sich dem vedischen Gebot unterstellt, ist es unmöglich zu erfassen, was der Ātmā und Gott sind und daß der Ātmā und seine Erlösung von der Menschenhülle das eigentliche Ziel ist. Sein Citta ist noch voll lustvoller Eindrücke und Begehrungen, seine Buddhi ganz unter der Fuchtel des Manas, das von Lust angetrieben wird, sein Ich ganz stark. Deshalb wird von den Śāstras eine List angewendet. Es werden dem Menschen für treue Pflichterfüllung der Gebote Belohnungen versprochen; sein Begehren nach Lust treibt den Menschen, die gebotenen, oft sehr harten Verpflichtungen auf sich zu nehmen. Er soll dabei lernen, daß er einen bestimmten Teil der Gegenstände, die er selbst genießen möchte, aufgeben, jemandem anderen opfern muß.
Gott hat (in der Bhagavad-gītā) einen Kreislauf (cakra) als eine bindende Ordnung verkündet. Der Mensch hat bestimmte Pflichten zu tun, sein Tun hat nach bestimmten Regeln zu erfolgen, wenn der Mensch eine Verbesserung in dieser Welt oder der Himmelswelt anstrebt. Das für diese erste Stufe gebotene Wirken ist zentriert im Opfer (yajña). Dieses Opfer zielt auf die Befriedigung derjenigen Devas ab, welche die Glücksgüter dieser Welt verwalten. In das Feuer werden Dinge geopfert, die dem Menschen zum Selbstgenuß lieb sind; sie erreichen die Götter, die Regen, Nahrung, Gesundheit schenken, so heißt es. Was dem Feuer geopfert wurde, erreicht den Gott in der Sonne, der Regen schickt, und Indra, den Wolkengott, als Verwalter des Regens. Regen läßt Nahrung wachsen, und Nahrung nährt nicht nur den einzelnen opfernden Menschen, sondern alle anderen Mit-Lebewesen.
Der Mensch lernt, daß er den Devas, welche die Naturkräfte und die irdischen Glücksgüter betreuen, und den Ursehern, den Ṛśis, die ihm Mantras und Ritual lehren, und den eigenen Vorfahren, denen er sein Dasein verdankt, und den Mitmenschen und den Tieren, die ihm beistehen, etwas schuldet. Also muß er einen Teil seines eigenen Genusses an sie abtreten, er muß ihnen opfern.
Den Devas soll er rituelle Opfer bringen, die heiligen Ṛśis durch Studium der Ritualien und ihre Anwendung ehren, den Seelen der verstorbenen Vorväter muß er opfern. Den Mitmenschen soll er durch Spenden von Essen, Kleidung, Land usw. Opfer bringen. Den Tieren, Fischen, Vögeln soll er als Opfer Futter streuen, Wasser zum Trinken geben, er soll Anstalten treffen, um ihnen Schutz vor der Witterung und anderer Unbill zu gewähren. Ja, es wird verkündet, auch alle Lebensvernichtung, die ihm ohne böse Absicht unterläuft, alles Leid, das er den untergeordneten Lebewesen unabsichtlich antut, indem er zum Beispiel viele Insekten unwillentlich tötet unter dem Tritt seiner Füße, oder beim Mahlen des Getreides im Mörser, oder beim Säubern des Hauses mit dem Besen usw., –

auch alle diese Vergehen werden durch die genannten "fünf großen Opfer" getilgt.
Täglich muß er sich vor allem von den Sünden läutern, die er bewußt tat in Verletzung der ihm in seinem Lebensstand obliegenden Pflichten. Durch Strafen, durch Opfertaten muß er sühnen. Und da er diese Sünden trotz besten Mühens immer wieder begeht, muß er sich wieder und immer wieder läutern. Unter diesen Läuterungsakten stehen voran Besuche an heiligen Orten, Fasten, Dienstleistungen für die schweifenden Bettelmönche und alle anderen, die auf einer höheren Stufe des Yoga stehen als er. Wichtig ist das Anhören derjenigen Śāstras, die ohne Kastenunterschied für alle Menschen bestimmt sind und in welche oftmals Herz und Sinn erfreuende Geschichten eingebettet sind, die ihm neue Unterweisung geben.
Die Ausübung dieser vielen Pflichten ist recht hart. Und die Frage taucht auf: Ist das Ergebnis der Mühe wert?
Eine Überschau des strengen Opferwegs auf dieser ersten Stufe des Karmayoga ergibt das folgende Bild:
Der Mensch ist zwar noch ganz von Lust getrieben, doch beginnt er zu begreifen, daß die Rosen des Genusses hinter gar vielen Dornen des Bemühens und der Entsagung von mancherlei ihm lieben Dingen blühen.
Er hat auch gelernt, daß er keineswegs allein in der Welt ist, sondern daß er in einem Glied in einer Gesamtheit von Lebewesen steht, die voneinander abhängen – den Devas, Menschen, Tieren, Pflanzen... Diese Gemeinschaft der Lebewesen wird bewahrt durch sein Opfer, d. h. einen Verzicht auf bestimmte Genüsse zugunsten aller, nur durch solchen Verzicht kann er sich selbst fördern.
Die Würde des Menschen auf dieser Stufe besteht also darin, daß er berufen ist zum Verzichten. Der Zweck dieser Schulung, dieses ersten Schritts zur Befreiung des Ātmā, besteht in der tatkräftigen Anerkennung einer großen kosmischen Gemeinschaft aller Lebewesen, die der gegenseitigen Opfer (yajña) und des gegenseitigen Verzichtens bedarf. Das bedeutet,
weder brutale Ausbeutung der Mitmenschen und der Natur,
noch asketische Weltverneinung,
weder einseitiger Hochmut und Überlegenheitskomplex, der den Menschen als Herrn aller Dinge auffaßt,
noch eine Gleichmacherei, eine Geisteshaltung, die alle Menschen und Wesen grundsätzlich als gleichwertig betrachtet.
Das Sanskritwort Śāstra wird von den altindischen Grammatikern abgeleitet von der Wurzel śās, zügeln, züchtigen, auf dem rechten Wege halten. Das Śāstra ist zügelnd, zur Ordnung rufend, fordert Zucht. Bei diesem ersten Schritt auf einem langen Yogaweg für einen gläubigen Hindu, der anfangs noch ganz von Selbstsucht erfüllt ist und nach Erhalten und Steigerung seines Ichs lechzt, wird die Lust zum ersten Mal angegriffen. Mit der Aussicht auf größere Freuden unterzieht sich dieser Mensch einer bestimmten Beschneidung seiner Lust, einem gewissen Opfer. Er lernt, daß er weder "Herr" ist, noch bloßer Staub. Ja, in der Hoffnung auf mehr Lust im nächsten Leben ist er sogar bereit, einer Veränderung seiner Persönlichkeit, des Inhalts seines Ichs zuzustimmen. Er wird dann nicht mehr "Ich, der Mensch so und so" sein, sondern ein neues Ich haben, z. B.: "Ich – Kumāra – ein Bewohner der Himmelswelt."
Also wird ein besseres Verständnis der Würde und der Aufgabe des Menschen erlangt. Erkannt wird die Stellung des Menschen innerhalb einer kosmischen Ganzheit, an der auch alle anderen Wesen ihren Anteil haben.

Weil der Lust für die Zukunft ein größerer Inhalt in Aussicht gestellt wird, willigen Verstand und Wille ein, der Lust zeitweise eine Beschränkung aufzuerlegen. Und das Ich des betreffenden Menschen wird sogar bereit, zuzugeben, daß es keineswegs unveränderlich ist. Der Ichbegriff distanziert sich also vom physischen Leibe, verschiebt sich vom Ich als der Einheit von Leib und Geist und wird zum Ich der Einheit der geistigen Hüllen. Mit anderen Worten: der Mensch kommt zur Einsicht, daß seine vorübergehende Hülle ausgetauscht werden kann gegen eine bessere Hülle, z. B. wenn er Tugenden übt, gegen den (mit Augen nicht sichtbaren) lichten Leib eines Himmelsbewohners (einen Leib, der aus dem Sattva-guṇa der Māyā gewoben ist) oder gegen den dichteren und dumpferen Leib eines Tiers, einer Pflanze usw., falls er überwiegend Sünden tut.
Dieser Mensch lernt aber auch, daß, nach Verbrauch seines Tugendlohns in der himmlischen Welt, er unentrinnbar wieder zur Erde zurück muß – und da sich keineswegs bestimmt sagen läßt, was für unverbrauchte Wirkungen böser Taten in früheren Geburten als potentieller Samen im Unterbewußtsein noch aufgestapelt sind, als Reste früheren Tuns noch unverbraucht im Citta liegen und sich auch während eines zeitweiligen Aufenthalts im Himmel der Devas nicht erschöpfen, wird er zögernd innerlich bereit, nach einem besseren Wege zu fragen und nach einer Lösung der drängenden Frage: Gibt es einen Ausweg aus diesem Kreislauf der ständigen Veränderungen der physischen Hüllen, dem endlosen Kreislauf von Geburt und Tod? Da man ja doch einmal auch aus der Himmelswelt in niedrigere Schöße hinabsinkt, sucht er einen Ausweg, der dazu verhilft, statt dessen eine neue Geburt als Mensch zu erlangen, um dann als Mensch einen Weg zu gehen, der endlich diesem unersättlichen Begehren nach Lust, die immer wieder mit Freude zugleich Leid bringt, ein Ende macht.
Auch die Götter im Himmel sind selbstsüchtige, vergängliche Wesen; es sind Wesen, die Ämter verwalten und die wieder abtreten müssen, um anderen Wesen Platz zu machen, die diese Ämter verdienen. Auch die Götter leben in Furcht vor dem Tode, auch die Götter hängen an den Dingen und Personen, die ihnen Freuden geben, und sie hassen alles, was ihre Freude beeinträchtigt, ihnen Leid gibt. Ist doch die Welt so eingerichtet, daß Liebe und Haß, Freude und Leid untrennbar gemischt sind. Lust will Ewigkeit. Doch die Gegenstände der Lust ändern sich, und sogar die Persönlichkeit, das Ich, das Lust genießt, ändert sich.
Solche Erfahrungen und solche Belehrung machen den Menschen bereit für die nächste Stufe.

Der eigentliche Karmayoga

Tugend und Sünde sind wie die beiden Seiten einer Münze – die wertlos ist. Die Götter sind armselige Wesen, auch auf ihren leuchtenden Thronen. Und doch ist das unwiderstehliche Begehren nach Lust da, das den Menschen nach Glück zu streben treibt und zu der Frage: "Wo ist dauerndes Glück? Wer kann es geben? Wie kann mein Begehren, das sich nicht dämmen läßt, sich auswirken, doch so, daß das Ergebnis mehr als eine bloße Vertauschung der äußeren Hülle ist? Wie kann ich in der Welt leben und doch dem Ewigen näherkommen? Wie kann ich meine Natur bewahren, meine Lust stillen und doch sie nicht schwellen lassen durch neuen Genuß, so wie Feuer durch neues Öl? Wenn ein wenig Opfern und Entsagen mir bereits ein Genießen im Himmel einbrachte, das länger als auf Erden währt, kann ein noch größeres Opfern und Entsagen mir Glück geben, das dauernd währt? Gibt es jemanden, der, falls man ihn zufriedenstellt, mehr geben kann als die Götter (die Devas)? Und falls ich einen solchen Weg gehe und mich wirklich bemühe, gibt es eine Gewähr, daß ich, falls ich Fehler mache, trotz meiner Mängel doch abermals als ein Mensch wiedergeboren werde, um es dann besser, vollkommener zu machen als in diesem Leben?"

Der Karmayoga als ein Opfer (yajña) für Viṣṇu weist den Weg.

Statt den zeit- und lustversklavten Göttern zu opfern, die ja auch nur vergängliche Hüllen von solchen Ātmās sind, die ihr wahres Selbst vergessen haben, die ebenso wie du unaufhörlich in immer neuen Schößen geboren werden, opfere Ihm, dem Einen, von dem alles stammt, was ist – so lautet die Antwort. Opfere Ihm, der jenseits aller Universen ist, jenseits von Raum und Zeit, und der doch ganz konkret auch in allen Dingen und Wesen ist und bei jedem Ātmā weilt, als stiller Zeuge – unerkannt und unberührt von dem Stoff des Weltalls; Ihm, der überall ist, dessen konkreter Allgegenwart die Gegenwart des Universums keinerlei Abbruch tut; Ihm, der alles sieht und den doch niemand sieht, wenn Er sich nicht zu erkennen gibt; Ihm, den unser Geist, unser Ich, unser Begehren, unsere Lust verdeckt. Er wird oftmals Viṣṇu genannt. Wenn Seine Māyā-śakti, durch Ihn erregt, sich entfaltet, wird Er zum Ursprung, Erhalter und Auflöser der Welt – und ist doch darüber hinaus. In Seinem eigenen hohen Wesen ist Er ganz jenseits aller Welten: Er selbst in Seinem eigenen Reich. Alles stammt aus Ihm, alles gehört Ihm, ist Sein. Die Götter sind vergänglich. Er aber ist ewiglich der Eine. Die Götter können nur vergängliche Güter geben, und so geben sie nur aus Selbstsucht, um den Menschen noch stärker an sich zu binden, und was sie geben, steigert nur des Menschen falsches Ich, schwächt seine Erkenntnis- und Urteilskraft, steigert nur die Lust. Er aber ist immer auf das wahre Wohl bedacht, das darin besteht, daß die Unwissenheit über das wirkliche Ich schwindet. Er ist unabhängig und frei, und wenn Er will, vermag Er dir zu geben, was du begehrst – auch außerhalb dessen, was dir als Wirkensfrucht zusteht.

Tue kultische und rituelle Opfer, übe Gottesverehrung, um Ihn zu erfreuen – mit Seinen Mantras und nach Seiner Ordnung – und den Rest, d. h. das, was übrigbleibt, nachdem du Ihm geopfert hast, opfere den Devas, den Vorvätern, den Ṛṣis und den übrigen Wesen – und was dann bleibt, ist dein.

Der Urgott selbst, in Bhagavān Kṛṣṇas ewiger Gestalt auf Erden wandelnd, belehrt als Weltenguru Seinen Schüler Uddhava darüber, in welcher inneren Haltung er fortab die fünf großen täglichen Opfer tun solle, die Opfer für die Devas, die Opfer für die Urseher, die Opfer für die Vorväter und die Opfer für die Mitmenschen und die Tiere.

Der Ton der Unterweisung, die im Bhāgavatam wiedergegeben wird, liegt auf den Worten: "Mir soll er opfern." Denn Er weilt ja als innerer Lenker in allen Wesen, im Deva der Sonne, im Deva des Feuers, im Deva des Windes ... in jedem Tier, in jedem Menschen und auch in dem Opfernden selbst:

Mir – in der Sonne – soll er opfern durch vedische Hymnen,
Mir – im Feuer – durch Opfergaben,
Mir – im weisen Gelehrten – durch dienendes Bewirten,
Mir – in den Kühen – durch Gras und Futter,
Mir – im Gottgeweihten – durch edle Achtung,

Mir – im Herzensraum – durch festgewurzeltes Nachdenken über Mich,
Mir – im Wind – soll er opfern durch Denken darüber, daß alle Wesen ihren Odem, ihr Leben Mir verdanken,
Mir – im Wasser – soll er opfern durch Darbieten der Blätter der (heiligen Pflanze) Tulasī,
Mir – in seinem eigenen Leib – soll er opfern durch das, was er sich selbst zu essen gibt (weil Ich in seinem Leibe wohne, dem Tempel, der Mir gehört; nicht aus Lust soll er die Nahrung genießen).
Mir – dem Paramātmā in allen Wesen – soll er opfern, in dem er das Leid und die Freude aller Wesen als sein eigenes Leid und seine eigene Freude betrachtet.

Bhāgavatam XI, 11, 42-45

Erst auf dieser Stufe wird dem Menschen bewußt, warum ihm eingeschärft wurde, in welcher inneren Haltung er diese täglichen fünf großen Opfer vollbringen solle; z. B. wird geboten, daß er ein Bein als Speise für den hungrigen Hund diesem nicht etwa achtlos hinwerfen solle, nein, ehrfürchtig, mit sanfter Hand möge er die Nahrung als ein Opfer vor ihm auf den Boden legen. Denn auch in der Leibeshülle des räudigen Hundes und in der Hülle aller Lebewesen weilt Er, der Eine, als innerer Lenker und wandelt ungesehen mitten unter uns.
Auch die Opfer für die Tiere und den Bettler sollen in der ehrfürchtigen Haltung "empor" dargereicht werden und nicht verachtungsvoll und hochmütig "hinab".
In unserem Zeitalter der Statistik hat man in Indien auszurechnen versucht, wieviel von seinen Einkünften ein Hindu, der das Gebot treu erfüllen will und einigermaßen dazu in der Lage ist, für die täglichen fünf großen Opfer verwenden müsse. Man ist zu dem erstaunlichen Ergebnis gekommen: 75 Prozent seiner Einnahmen.
Durch die vorgeschriebenen täglichen Opfer für den Nächsten wird zweierlei bewirkt: Hunger und Durst werden gestillt, Schutz wird gewährt, viel Not und Entbehrung werden gelindert. Aber das ist nur die eine Folge des Geschehens. Die andere, noch wichtigere Folge ist, daß sich durch das immer neue Entsagen von Dingen, die man selbst gern genießen möchte, ein fortdauernder Kampf mit der eigenen Ichsucht ergibt. Dadurch werden die Stricke der Guṇas, die den Ātmā an die Hüllen aus Materie binden, mehr und mehr gelockert. Die Hüllen werden geschmeidiger, durchsichtiger, und das Licht des inneren Lenkers vermag allmählich hindurchzuleuchten.
Äußerlich ändert sich nichts im Tagewerk eines Menschen, der diese Stufe des Karmayoga betreten hat. Doch bei allem, was er tut, müht er sich, der Mahnung eingedenk zu sein: Erfülle deine Pflichten als Mensch, deiner Kaste und deinem Lebensstande entsprechend. Aber sei stets dessen eingedenk: Alles, was du bist, was du besitzest, was du siehst... alles ist Sein. Betrachte alles als Sein Eigentum. Gib den Gedanken auf, daß irgend etwas einem anderen als Ihm gehöre oder daß irgend jemand sich selbst gehöre. Es gehört alles Ihm. Es ist ein Mißverständnis, irgend etwas als "mein" oder "dein" zu betrachten, irgend etwas zu begehren oder jemanden um irgend etwas zu beneiden. Du begehrst Güter in dieser Welt – tue nach Seiner Ordnung, und Er kann sie dir geben.
Du begehrst Glück in einer künftigen Welt. Er kann es dir geben, hier und in Ewigkeit.

Diese Form des Karmayoga ist die Erfüllung der jeweiligen Pflicht noch als Mensch, noch mit Begehren, mit Schielen auf Lohn. Doch bringt bereits diese Art von Karmayoga eine größere Klarheit des Wissens von der Welt und von Gott und setzt den Adepten in Verbindung mit dem lebendigen Gott, der zwar der Herr der Welten ist, aber nicht zur Welt gehört, nicht ein Ātmā ist, der sich selbst vergessen hat wie die Devas, sondern der die Fülle von Sein, Erkenntnis und Glück (sad-cid-ānanda) ist.
Der Adept weiß von seinem Ātmā noch nichts, er dünkt sich ein Mensch zu sein. Doch in der rechten Weise seine Pflicht als Mensch zu tun und Gottes Ordnung zu befolgen, das ist der erste Schritt, Ihn zu erfreuen, Ihm zu dienen. Sobald ein Mensch den ersten Schritt tut, um Ihm zu dienen, auch wenn es noch mit dem Motiv der Lohnerwartung ist, beginnt der innere Lenker, der "Freund", der Paramātmā, der unerkannt bei jedem Ātmā weilt und der im allgemeinen ganz unparteiisch ist, dem niemand lieb oder unlieb ist, sich für diesen Ātmā lebendig zu interessieren. Der innere Lenker führt diesen Menschen in die Gesellschaft solcher Weiser, die ihm noch mehr vom Wesen Viṣṇus berichten, und Er gibt im Anfang dem Menschen, was er begehrt, um ihn auf seinem Wege des Karmayoga zu ermutigen. Allmählich aber entzieht Er ihm jene Güter, die ihn noch mehr an die Welt fesseln, und Er läßt ihn durch Unterweisung erkennen, daß die Güte Gottes um so größer ist, je mehr Er dem Menschen das entzieht, was den Menschen nur noch stärker bindet.
Allmählich lernt der Mensch, daß seine Versuche, Gott zum Lieferanten von physischen und geistigen Gütern degradieren zu wollen, ein Mißverständnis waren. Er fühlt, daß er seine Pflicht tun solle, ohne irgend etwas dafür zu erwarten – nicht allein zum Zweck des inneren Wohls, das die Erfüllung einer Pflicht um der Pflicht willen mit sich bringt, sondern mit der Absicht, Gott durch Erfüllung Seiner Ordnung zu erfreuen. Doch da der Mensch noch nicht alle Lust und alles Begehren aufzugeben vermag, bittet der Adept Ihn - er weiß es schon als eine Schwäche - dennoch um bestimmte Güter.
Im Verlauf eines Lebens oder mehrerer Leben verändert sich durch solches Üben der Charakter des Menschen. Statt sich auf seine eigene Lust zu verlassen und auf seine eigene Kraft und der Götter Kraft, um sich durch Wirken (karma) noch mehr Wohl zu verschaffen, verläßt er sich, noch zögernd und ohne sich und seine Lust ganz aufgeben zu können, auf IHN, den Herrn, dem alles gehört. Er hat gelernt, daß alles Sein ist und daß "mein" ein Irrtum ist, daß der Mensch nur der Verwalter des Leibes und Geistes und der Dinge in der Welt ist, von denen er früher annahm, daß sie dem Blute oder Rechte nach ihm gehören, daß er ihr Eigentümer sei. Er wird unterwiesen, Ihm alles darzubringen, was er hat, alles, was er überhaupt als seine Welt weiß, Ihm zu opfern, dem es in Wirklichkeit schon längst gehört. So mag er das erreichen, was er als sein Heil ansieht, und diejenigen Güter erhalten, von denen er meint, er könne sie nicht entbehren.
Da er Ihn erfreuen will, beschneidet er – den Geboten in den Śāstras gehorchend – seine Lust. Und da Gott als der innere Lenker ihm von innen her hilft, sieht er allmählich ein, ein "mein" zu erstreben, ist Sünde, ist Irrtum. Und mit dem Verblassen des "mein" wird die Klammer des "Ich" ein wenig loser. Ein "Ich", dem das "mein" genommen wird, ist bloß mehr ein halbes Ich. Doch behauptet sich dieses Ich noch weiter, der Ātmā weiß sich noch recht wohl als Mensch, doch da er vernahm und es im Opfer symbolisch übte, fängt er an, etwas weniger krampfhaft an seinem Geist,

Leib, Haus, Weib, Kindern festzuhalten, denn alles das ist ja eben Sein, und es ist ein Irrtum, es als "mein" zu betrachten.
Der Mensch wird ein wenig irre an sich selbst, er behauptet sich noch, doch mit einem "schlechten Gewissen"; er möchte noch weiter fortschreiten, doch die Lust ist in ihm; die Freuden, die er in früheren Leben und in diesem Leben genossen hat, sie haben einen Eindruck in seinem Citta hinterlassen, und wenn er die groben oder feinen Dinge der Sinnenwelt sieht, steigt das Begehren auf und gegen seine bessere Urteilskraft reißt das Begehren ihn hinein in das Streben nach dem Wohl, das diese Dinge geben. Ohne zu vermuten, daß solche oft recht niedrige Arten von Genußsucht überhaupt in ihm seien, springen doch oft genug, ihn erschreckend, tief in seinem Inneren verborgene Lüste auf, die ihm unbekannt waren, die ihn hinreißen, die er nicht beherrschen kann. Er überschreitet die Ordnung, die Pflichten, die ihm seine Kaste und sein Lebensstand den Śāstras gemäß auferlegen. Er vergeht sich, "sündigt" und fühlt sich unglücklich darob – wenn er den Streit der "zwei Seelen in seiner Brust" erlebt.
Diese zwei Seelen sind
1) die Einsicht (buddhi) in die Natur der Dinge, in Gottes Wesen, Gottes Gebote, in den Heilsplan und
2) das ewig unruhige Manas, das, von tief innen gespeist, ihm Genüsse ausmalt und zu den sie gewährenden Gütern hindrängt, gegen seinen Willen.
Er hat schon etwas vom Wesen des Ātmā vernommen, er ahnt sein Unwissen über das "Ich". Doch vermag er es nicht recht zu begreifen: "Ich, der Mensch, bin doch das Selbst, der Ātmā. Der Grund meines empirischen Selbst mag unlauter sein. Doch ich bin doch Mensch. Ich muß nur lauter werden." Das Begehren in ihm und die tief eingegrabenen Denk- und Lebensgewohnheiten aus unendlich vielen Geburten sind stark und seine Erkenntniskraft ist geschwächt. Seine Buddhi im Dienste des Begehrens denkt noch immer: "Ich muß mich für meine Seele, meinen feinen geistigen Leib mühen und sorgen."
Dieser Mensch ist am Scheidepunkt zweier Wege. Der seltenere Weg besteht darin, daß dieser Mensch unversehens einem der großen Begleiter und Mitspieler aus Gottes Reich begegnet, der scheinbar als seinesgleichen über die Erde wandelt. Er kann, wenn er will, dem Menschen eine ganz neue Kraft mitteilen, eine Kraft, die auch ein freier Ātmā nicht aus sich selbst haben kann; es ist die Kraft, mit der Gott sich selbst erkennt und weiß und erlebt, eine nicht der Zeit und dem Raum zugehörige Kraft, eine Kraft, die in diesem Mitspieler Gottes selbst lebendig wirkt, die Kraft der dienenden erkennenden Liebe Gottes (bhakti), Gottes eigene Erkenntnis- und Erlebenskraft, die den Menschen, d. h. den Ātmā im Menschen, berührt.
Als Folge dieser Berührung, als erste Wirkung davon, fängt der Intellekt dieses Menschen an, nicht mehr Sklave der Lust zu sein, sondern leise zu erkennen: Der Sinn des Lebens als Mensch und dessen Erfüllung ist, Gott zu dienen, ohne einen Lohn erwarten zu können. In diesem Fall geht dann der Mensch den Weg der reinen Bhakti, ohne jede Glückserwartung.
Der allgemeine Weg aber ist:

Erfüllung der Pflicht als Mensch ohne jedes Spekulieren auf Lohn, der sogenannte

Niṣkāma-Karmayoga

Der Mensch tut seine Pflicht und überläßt das Ergebnis vollkommen Gott. Es sieht so aus, als täte er alles um seiner selbst willen, doch opfert er, d. h. er verzichtet auf die Frucht seines Tuns. Sein Verhalten ist das Gegenteil eines Pragmatisten, der um sinnenfälliger Ziele willen, um eines praktischen Nutzens willen handelt. Dieser Mensch hört allmählich auf, Gott als den Lieferanten irdischer physischer oder geistiger Güter zu betrachten, er mag Gott nicht mehr ausbeuten wollen; es widerstrebt ihm.

Wenn er in Erfüllung seiner Pflichten und Opfer statt Reichtum Armut erhält – und Reichtum ist das, was er zur Erfüllung seiner Pflichten als Kaufmann benötigt –, so ist er doch nicht niedergeschlagen. Und wenn er trotz eines physisch und seelisch lauteren Brāhmaṇawandels von Bösewichtern mit Kot beworfen und an der Ausübung seiner Brāhmaṇapflichten gehindert wird, so ist er nicht verzweifelt. Und wenn er einen gerechten Krieg siegreich beendete in Erfüllung seiner Kriegerpflicht, so jubelt er nicht. Seine Haltung ist so: "Ich habe meine Pflicht treu erfüllt. Durch Ausübung meiner Pflicht diene ich Ihm, so weit bin ich verantwortlich. Das Ergebnis ist Seine Verantwortung. Ich habe ein Recht auf meine Pflicht, nicht auf das Resultat meiner Pflichterfüllung."

"Erbärmlich sind diejenigen, die auf Lohn spekulieren, die ihre Pflicht tun, weil sie etwas für sich begehren. Es ist des Menschen unwürdig", das hat er erkannt.

Von neuem taucht die Frage der Würde des Menschen auf. Die Größe des Menschen besteht nicht darin, daß er noch gründlicher, systematischer, praktischer, intelligenter als ein Tier es versteht, sich Güter zur Befriedigung seines physischen oder psychischen Begehrens zu verschaffen und im Wettstreit mit dem Tiere zu beweisen, daß er noch viel radikaler und gründlicher die Welt zu seinem Genusse ausbeuten kann.

Radikales Verzichten-Können, das hebt den Menschen über das Tier hinaus; nicht etwa um als Gegenwert zeitweiligen Verzichtens auf gewisse Güter sich später bessere Güter einzuhandeln, sondern weil es seinem Wesen widerstrebt. Auch ein Hund ist dankbar, wenn man ihn füttert. Auch ein Hund erwartet Dankbarkeit und Lob, wenn er herbeibringt, was ich suche; er erwartet Dankbarkeit und ist enttäuscht, wenn sie ihm versagt wird. Ein Mensch, der den Weg des Niṣkāma-Karmayoga geht, bewirtet einen ihm fremden Gast, ohne zu erwarten, daß ihm gedankt wird. Er tut seine Pflicht, ohne auf Lob zu spekulieren. Er tut seine Opfer, ohne von Gott zu erwarten, daß Er sein krankes Kind erhalte, ihm das tägliche Brot gewähre. Nur eine Freude hat er, die Gewißheit, daß er Gott erfreut, wenn er seine Pflicht tut und auf jeden Lohn verzichtet.

Doch ist diese begehrungsfreie Pflichterfüllung keineswegs leicht, denn das Begehren als solches ist noch immer im Unterbewußtsein; die Eindrücke der Dinge, die in vergangenen Leben Lust gaben, sind noch immer stark – und stören sehr. Und das Ich ist noch immer da – denn wie "Erfüllung der Pflicht als dieser oder jener Mensch" besagt, dünkt sich der Ātmā noch immer irrtümlicherweise ein Mensch zu sein, und er sieht die Einheit seiner geistigen Hüllen (buddhi, manas, citta, Ahaṅkāra) als sein Ich an. Doch hat dieser Mensch bereits gehört, daß zweckbetontes Wirken – mit Erwartung von Lohn als Triebkraft – den Ātmā (von dem er theoretisch vernahm) bindet.

Das, was überwunden werden muß, ist das Denken an den Lohn, das Sich-Ausmalen (saṁkalpa) der zu erwartenden Genüsse, das aus den Vāsanās des Citta herauswächst. Vor der Erlangung der Wohl gebenden Güter werden sie bereits in der Vorstellung erlebt und lassen ihre Eindrücke zurück; und sie werden von neuem erlebt, wenn sie von den Sinnen tatsächlich genossen werden. Und je nach der Art seines Denkens und Handelns muß es sich als Folge in der nächsten Geburt auswirken, wie ein Acker, auch wenn er lange mit Schnee bedeckt war, doch aus den Samen, die in der Erde ruhen, aufsprießt. Der Mensch selber hat in vergessenen vergangenen Leben die Saaten seines Schicksals, seines Glücks oder Unglücks, seiner Gesundheit oder Krankheit usw. gesät. Dieser Auswirkung einstigen Tuns kann sich niemand entziehen – solange er sich noch als Mensch weiß, das heißt, solange der Ātmā sich noch nicht von dem Unwissen befreit hat, daß er Mensch sei.
Die Impulse zur Zuneigung zu bestimmten Gütern, die Wohl geben und von denen neues Wohl erhofft wird, und die Abneigung oder der Haß gegen Dinge und Personen und Umstände, die diesem Genuß des Wohls, d. h. dem Genuß dieser Güter, entgegenstehen, sind je nach dem Charakter des Menschen zwar inhaltlich stark verschieden, doch dem Prinzip nach überall gleich. Diese Impulse sind tief verankert, der Mensch ist (ohne daß er es weiß) versklavt an die Impulse von Eindrücken aus der Lust in unendlich vielen Lebensformen und keineswegs frei, wie er sich einbildet. Er ist nicht frei, weder in der Art seines Handelns – seine Natur zwingt ihn dazu –, noch vermag er ohne Handeln zu leben. Der Mensch, der nach der Ordnung Gottes handelt und seine jeweiligen Pflichten als Mensch erfüllt, tut seine Pflicht (karma), aber wenn er es vermag, seine Pflicht zu tun, zu handeln, ohne an die Güter zu denken, die er dadurch erlangen kann und die ihm Wohl geben würden, sofern er sie erhielte, dann handelt er, ohne daß dieses Wirken ihn bindet, d. h. ohne daß sein neues Tun neue lustbetonte oder haßbetonte Eindrücke hervorruft. So sagen die Bhagavad-gītā und viele andere Śāstras aus.
Dem Menschen auf dieser Stufe wird gelehrt, daß Freiheit von lustbetontem Handeln ein viel höheres Wohl bedeute als Genuß. Dementsprechend beginnt dieser Mensch, seine äußeren Sinne zu beherrschen, die gewohnt sind, sich unbedacht mit den Dingen in Verbindung zu setzen, deren Erleben dem Menschen ein niederes Wohl gibt.
Der Mensch opfert also nun nicht mehr bloß einen Teil der Güter, die ihm selbst Genüsse geben könnten, sondern er opfert alle Güter überhaupt. Ja, die Erfüllung seiner strengen Pflichten als Brāhmaṇa, Krieger usw. wird selbst zum Opfer (yajña). Wenn der gewöhnliche Mensch handelt, so meint er, daß er selbst handle, während es ja doch nur die Guṇas der Māyā sind, welche wirken, grober und feiner Stoff, der durch die Gegenwart des Ātmā, der sich selbst vergessen hat und sich mit seinen Hüllen fälschlich identifiziert, eine geborgte Lebendigkeit hat.
Wenn der Ātmā, der sich als Mensch fühlt und noch nicht erkennen kann, obwohl er es hörte, daß er Ātmā ist und nicht Mensch, die Pflichten des großen Opfers (yajña) tut, das sein ganzes Leben umspannt, und wenn er erkennt, daß alles von Viṣṇu stammt, alles Ihm gehört und er selbst kein Recht auf irgend etwas hat und wenn er dementsprechend handelt, wird allmählich eine Aufhellung und Läuterung seines Citta erlangt (citta-śuddhi), die Läuterung vom Motiv des selbstischen Begehrens. Er handelt wohl als Mensch, aber sein Handeln bindet ihn nicht mehr.

Das bedeutet keine Gleichgültigkeit zur Welt, keine Unfähigkeit zur Kultur. Seine Pflichten in der Welt nicht ernst zu nehmen, wäre ja eine Sünde, ein Vergehen gegen Gottes Ordnung. So wird die Erfüllung der Pflicht zum Opfer, und alles, was der Mensch auf allen Lebensgebieten tut, denkt, schafft, wird Ausdruck dieses Opfers. Die menschliche Gesellschaft ist im vedischen Sinn recht erstaunlich geordnet. Die Stufenordnung der Gesellschaft und die Verteilung der Würden und Rechte hängen ab von dem Maße der Pflichten und dem Grade der Entsagung auf "Lebensgenüsse", die der betreffende Mensch seinem Charakter nach auf sich zu nehmen wirklich befähigt ist. Es ist das Recht zur Entsagung, zum Verzichten, zum Aufgeben des egoistischen Monopolisieren-Wollens bestimmter Lebensgüter für sich selbst. Nach diesem Recht soll gestrebt werden, nicht nach dem Recht zum gleichen Genuß, wie er irgendwelchen anderen Menschen zugänglich ist.

Die Menschen dieser Stufe haben eine feine, stille innere Freude, die darin besteht, daß ihr Herz nicht von der Leidenschaft, das eine an sich zu raffen und anderes von sich abzustoßen, zerrissen wird. Es bewegt sie nicht die Freude beim Erlangen bestimmter Güter und nicht Leid, wenn ihnen diese Güter versagt werden, aber sie hegen ein stilles Vertrauen, daß das, was Viṣṇu ihnen gibt, zum Besten ist.

Vorher hatte der Mensch in bitterer Erfahrung gelernt, wie schwer es ist, sich Sinnengüter zu verschaffen auf einem Wege, der nicht Sünde ist, und wie unbeständig und veränderlich diese Güter sind. Er hat auch gelernt, daß ihr Besitz die Lust nicht stillt, sondern nur anfacht.

Jetzt erfährt der Mensch, daß es ein Mißverständnis war, die Dinge auf sich selbst zuzuordnen, und daß er eine stille Freude haben kann, wenn er alles als Gottes Eigentum ansieht und auf Ihn zuordnet. Dieses stille Wohl läßt seinerseits einen Eindruck im Citta zurück, und die Sehnsucht erwächst, noch mehr und noch dauernder solches stilles Wohl zu erleben. Heilvolle Sat-Vāsanās[7] entstehen auf diese Weise im Citta. Und derart wird der Mensch edler, der lichte Sattva-guṇa der Māyā beginnt in ihm vorzuherrschen.

Die Mehrheit der Menschen in einer Gesellschaft, die sich tatsächlich einer göttlichen Ordnung zu unterstellen bereit ist, besteht aus dieser Gruppe, und der Weg dieses Niṣkāma-Karma (Pflichterfüllung ohne Begehren nach Lohn) führt allmählich, wie schon gesagt, zu einer immer mehr fortschreitenden Läuterung des Citta. Das heißt, der Spiegel des Bewußtseins ist noch immer von einem feinen Film des Unwissens und der Sat-Vāsanās bedeckt, von dem Begehren, ein wahrhaft edler Mensch zu sein, dem jeder Lebensakt Opfer ist. Doch der dicke filzige Dreck aus den Eindrücken zahlloser selbstischer Genüsse ist beseitigt.

Wann diese Läuterung des Citta (citta-śuddhi) erfolgt, hängt davon ab, mit welcher Kraft sich der strebende Mensch bemüht und inwieweit er Gemeinschaft mit Menschen findet, die selber Sat-Vāsanās haben, und in-wieweit ihm die Gnade zuteil wird, daß Menschen, welche der nächst-höheren Stufe angehören, ihn allmählich über das Leben auf der nächsten Stufe belehren.

Je lauterer das Citta wird, desto eher vermag die Buddhi zu verstehen, daß das "Ich" des Menschen nur das Resultat der Identifikation des Ātmā mit den Hüllen ist und daß die Vorstellung "Ich bin dieser oder jener Mensch" überhaupt ein Irrtum ist, denn der Ātmā ist das wirkliche Ich. Doch noch immer hält sich dieser Mensch für die Einheit von Ātmā und Hüllen.

---

[7] Siehe Seite 33 f., 64

Auf dieser Stufe der Entwicklung entsteht ein Abgeschmack an den Dingen der sinnlichen und geistigen Welt. Solange das falsche Ich stark war und die Vāsanās mit voller Kraft im Citta wirkten und das Ich des Menschen stärkten und Begehren die Triebkraft war, so lange stand die Buddhi unter dem Einfluß der Lust und vermochte nicht einzusehen, daß alle Dinge, sowohl sinnliche wie geistige, Māyā sind, dem Cit entgegengesetzt und den Ātmā an der Erkenntnis seiner selbst, der Erkenntnis und der Freude, die er selber ist, hindernd. Die Lust gab den äußeren und inneren Dingen Farbe (rāga), Zuneigung zu ihnen war die Folge. Jetzt wird die Urteilskraft freier von den Objekten der Lust, und die Dinge werden schon beinahe als das erkannt, was sie sind und wie sie sind. Die Dinge verlieren allen ihren Reiz, sie werden farblos. Diese Stufe nennt man Vairāgya (ohne Farbe, Erblassen der Farben). Gemeint ist damit nicht asketische Entsagung, nicht ein hartes Nein zu den Regungen des Geistes und des Fleisches, kein Kasteien des Leibes und des Geistes, kein gewaltsames Unterdrücken der Zuneigung zu den Objekten, sondern die Dinge verblassen so stark, daß sie keinen Reiz mehr haben, kein Interesse mehr zu erwecken vermögen.
Der Mensch hat damit sich selbst schon beinahe "verloren", die bisherige Einheit von Fleisch, Seele und Ātmā ist am Zerfallen; der Ātmā ist nahe daran, sich zu erkennen. Der Mensch versteht: "Ich bin gar nicht dieser Mensch. Das eigentliche Ich in mir ist der Ātmā, der gar kein Mensch ist, weder reich noch arm, weder Mann noch Frau, weder feiner Denker noch robuster Kuli. Also habe ich bloß die eine Aufgabe, alle Pflichten aufzugeben, von denen der Ātmā meinte, es seien die seinen, und mich so zu verhalten, daß der Leib, die Sinne und der Geist und die Vāsanās den Ātmā nicht mehr an seinem Selbstsein hindern, sondern daß Manas und Buddhi statt wie bisher der Feind des Ātmā zu sein, sein Freund werden, das heißt, daß sie danach streben, sich selber zugunsten des Ātmā aufzuheben.
Darin besteht eine weitere Steigerung der Würde des Menschen, daß er sich selbst hinopfert, restlos verbrennt, um dem zu helfen, dem er seine Lebendigkeit verdankt, dem er aber im Wege steht, dem Ātmā.
Der Yogaweg, der sich nun öffnet, der vierte, ist der Weg des Jñāna, der Weg der Ātmā-Erkenntnis, der zur Freiheit des Ātmā führt.

Der Yoga des Wissens

Jñānayoga

Dieser vierte Yogaweg ist der Weg des Jñāna, der Ātmā-Erkenntnis. Es ist der schwere Weg, der zur Freiheit des Ātmā führt. Wir besprechen hier diesen Pfad, so wie ihn die Śāstras darstellen und nicht in der oftmals beträchtlich abweichenden Weise, wie manche große Meister in Indien, z. B. Śaṅkarācārya, diesen Jñānaweg in ihren Kommentaren zu den Śāstras später darstellen.
Das Ziel des Jñānaweges ist die Erkenntnis des wahren Ich, des Ātmā. Dieses Ziel kann aber nicht erfolgreich angestrebt werden, solange der Mensch noch krampfhaft an seiner illusionären Persönlichkeit hängt und seinen derzeitigen vergänglichen Menschenhüllen noch einen Wert beimißt. Erst wenn der Mensch erkannt hat, daß sein Bewußtsein "Ich bin dieser oder jener Mensch" nur eine vorübergehende Illusion ist, kann der indivi-

duelle Ātmā, der sich vorher mit der Hülle identifizierte, sich selbst erfahren.
Was ist die Triebkraft zur mühevollsten Entsagung, die überhaupt möglich ist, nämlich seinem eigenen illusionären Ich zu entsagen, das doch von jedem Menschen als sein teuerster Besitz angesehen wird? Die Triebkraft zu dieser schmerzlichen Selbstaufgabe auf dem Wege des Jñānayoga ist die Erwartung der ewigen ungestörten Freude (ānanda), die im Wesen des Ātmā selber liegt.
Dieser Weg zur Befreiung des Ātmā erfordert eine klare Selbstbeobachtung, eine genaue Einsicht in das Arbeiten des "inneren Sinnes", d. h. eine größtmögliche Bewußtmachung alles dessen, was wir im Abendland das Unbewußte oder Unterbewußtsein nennen. Notwendig ist also eine klare Einsicht in die innere Werkstatt des Geistes, eine unbestechliche Urteilskraft des Adepten, der bei dem beharrt, was er leidenschaftslos erkannt hat, und der es auch vermag, den eigenen Willen und das eigene Fühlen zu zwingen, sich der Einsicht des Verstandes restlos unterzuordnen.
Das bedeutet, daß der konkrete Mensch sich nicht mehr für die physischen und geistigen Objekte der Welt interessiert, sich auch nicht mehr für jenen Aspekt Gottes interessiert, welcher der Welt zugewandt ist, von dem die Welt ausgeht, der sie erhält und in den sie wieder verschwindet. Der Adept interessiert sich ausschließlich für jene Seinsweise Gottes, die ganz ohne Bezug zur Welt ist, und da wieder nur für jenen Aspekt Gottes, der gestaltlos ist, dessen Wesen aus grenzenloser Erkenntnis besteht und der in den Upaniṣaden und Purāṇas das unendliche Bewußtseinslicht, das gestaltlose Brahman genannt wird.
Wie vermag der individuelle Ātmā, der sein Eigenwesen vergessen hat und sich mit den gröberen und feineren Hüllen aus Materie identifiziert, sich selbst zu erkennen? Nur, wenn alle Funktionen der Hüllen ausgesetzt haben, auch das Denken, Fühlen, Wollen, Hoffen, Fürchten... des "inneren Sinns", des Antaḥkaraṇa, vollkommen ausgesetzt hat – aber nicht etwa unbewußt, was in jedem Tiefschlaf geschieht –, sondern wenn es klar bewußt still gelegt worden ist, dann kann der Ātmā sich selbst erleben. Das ist die große Erfahrung des sogenannten "vierten Bewußtseinszustandes" (turīya)[8], von dem die Śāstras viele Male künden. Diese Erfahrung wird auch als Samādhi bezeichnet.
Sobald der Ātmā sich als das, was er ist, als Ātmā, weiß, als wahres Ich, und sich als solches erlebt, ist er frei vom dreifachen Unwissen des Wachzustandes, des Traumzustandes und des Schlafzustandes. Erst dann, im vierten Bewußtseinszustand (turīya), ist er unberührt und unbeschränkt von den drei Guṇas der Māyā. Weder das Wachbewußtsein, noch das Traumbewußtsein, noch das Schlafbewußtsein vermag das zu erleben, was der Ātmā in seinem freien Zustand erlebt. Dieser vierte Bewußtseinszustand durchdringt nicht etwa die anderen drei Bewußtseinszustände (Wachen, Träumen, Schlaf), sondern er hält sich von diesen drei Bewußtseinszuständen vollkommen fern. Der Ātmā erlebt in diesem Zustand der Freiheit durch völlige Ausschließung dessen, was man physische Außenwelt oder geistige, seelische Innenwelt nennt, sich selbst als Ātmā. Der vierte Bewußtseinszustand ist ein von den drei menschlichen Bewußtseinszuständen (Wachen, Träumen, Schlafen) ganz und gar verschiedenes absolutes Bewußtsein.

---

[8] turīya - der vierte

Wenn beim Abklingen dieses außerordentlichen, übernatürlichen Bewußtseinszustandes die Funktionen des "inneren Sinns" allmählich wieder einsetzen, dann erlebt der Mensch (in seinem Citta) einen Abglanz der Natur des Ātmā, etwas von dem Leuchten der Freude, welches das völlig stillgelegte Citta erfüllte, während das Bewußtsein des Adepten in den Turīya-Zustand versunken war.
Hier lauert die Gefahr, daß der Adept nach der Wiederholung dieser wonnevollen Erfahrung seines Citta strebt, sich nach diesem feinen Wohle sehnt und damit sich von neuem an das zu binden beginnt, was der Ātmā nicht ist, sondern bloß zu seinen Hüllen gehört.
In der kryptischen Sprache der Śāstras wird der Ātmā an manchen Stellen "das Kleinste des Kleinen" und an anderen Stellen "das Kleinste des Kleinen und das Größte des Großen" genannt. Mit der ersteren Bezeichnung ist der winzig kleine individuelle Ātmā gemeint, mit der letzteren Bezeichnung das unendlich Große, das gestaltlose Brahman. Wenn der Adept vergißt, daß sein Ātmā nur ein winziges Fünklein der ewigen Fülle ist und daß er zum Erleben der Gotteswelt, die unbegrenzt von Raum und Zeit ist, Gottes eigener Erkenntnis- und Erlebenskraft bedarf – in ähnlicher Weise wie der gebundene Ātmā zum Erleben der Māyā-Welt der Kraft der Māyā, der "Unwissenheit" (avidyā) bedarf –, dann vereinzelt er seinen Ātmā, isoliert ihn und setzt sich von neuem dem Oszillieren zwischen den beiden Reichen aus, dem Gottesreich und dem Reiche der Māyā. Und da kann es geschehen, daß er von neuem in die Unwissenheit hinabgleitet. Auch das ist eine der großen Gefahren auf dem Jñānaweg, vor denen in manchen Śāstras gewarnt wird. Der individuelle Ātmā bedarf immerdar der Verbindung mit der Fülle Gottes. Ja, schon auf dem Wege zur Ātmā-Erkenntnis bedurfte er der Hilfe und Leitung des inneren Lenkers, des "Freundes". Ein Gott-Dienen-Wollen, eine Ausrichtung des Herzens auf Gott, ist auch im Jñānayoga enthalten, aber nur im Sinn eines Mittels, um dem Ātmā zur Erlösung zu verhelfen, d. h. zur Erkenntnis seiner selbst.
Der Jñānī hat rational zu durchdenken, wie der innere Sinn arbeitet, und er muß bewußt alle Möglichkeiten ausschalten, die von neuem ein Verknoten der Hüllen mit dem Ātmā bewirken können. Seine Vernunft (buddhi) soll weder vom Tamo-guṇa bestimmt sich der Trägheit ergeben und einfach tätigkeitslos sein (akarma), noch vom Rajo-guṇa bestimmt sein, dem aus Unruhe stammenden endlosen Tätigkeitsdrang, der nach immer neuen Dingen begehrt, sondern sie soll dem Ātmā zugewendet, vom lichten, ruhevollen Sattva-guṇa bestimmt sein. Wenn die Buddhi des Adepten dem Ātmā zugewendet ist, dann nennt man sie nach innen gewandt; im Gegensatz zum Nach-außen-gewandt-Sein der vorher beschriebenen Zustände. Die Wendung "nach innen" ist keineswegs das, was man im Westen kontemplativ oder introspektiv nennt, d. h. sich dem feinen Inhalt des Geistes beziehungsweise der Seele zuzuwenden. Denn alles, was der Mensch ist, und auch das Beste und Tiefste in ihm, ist immer noch nach außen gewendet. Auch das in westlichen Meditationswegen oft angestrebte Genießen einer inneren Stille muß vermieden werden, es wäre gerade das Gegenteil der Śāstralehre. Denn wenn die innere Stille im Geiste erlebt wird, so hat sie noch ein erlebendes Subjekt, ein Ich, das die Stille erlebt. Im Turīya-Zustand gibt es kein erlebendes Ich. Der Ātmā erlebt auf dem Jñānapfad kein Objekt, sondern nur sich selbst (keinesfalls etwas, was sich im Unterbewußtsein, und sei es noch so zart, als Freude ausdrücken könnte). Im Turīya-Zustand hat alles Physische und Psychische überhaupt ausgesetzt. Und wenn das Bewußtsein

des (illusionären) Ich beim Auftauchen aus dem Turīya-Zustand wieder einsetzt, erleben auch das Citta und die anderen Hüllen keineswegs die in sich selbst gegründete Wonne des Ātmā, sondern nur einen Abglanz, eine Erinnerung.

Erleben heißt, etwas zum Gegenstand seines Erlebens haben. Der Ātmā aber ist nie, unter keinen Umständen, Gegenstand des Erlebens von seiten der Hüllen. Der Ātmā ist immer Subjekt, er ist der Erkennende, und es ist sein Wesen, daß er – von Unwissen und dem falschen Ich frei – sich als reines Bewußtsein, als Cit erkennt und ebenso Gott als Cit erkennt. Nie aber ist das Nicht-Cit, der Geist, die Seele, die Vernunft (buddhi), die Hülle der Erkennende.

Die Buddhi ist "nach innen gewendet". Das heißt, daß die Buddhi des Adepten überdenkt, überlegt, was sie von dem Wesen des Ātmā gehört hat. So wie der Geist, der an Sinnesobjekte denkt, sozusagen ganz deren Form annimmt, so wird der Geist, der das Wesen des Ātmā und den Gegensatz dazu, das Wesen des Nicht-Ātmā, überdenkt, intellektuell ganz von dem Gedanken des Ātmā erfüllt, keineswegs aber wird der Ātmā Gegenstand seines Erlebens.

Wenn der Jñānī Leid erlebt, so stört ihn das nicht. Seine Vernunft (buddhi) hat erfaßt, daß noch so erhabene Gedanken und Gefühle, genauso wie alle groben Sinnesobjekte, aus dem Stoff der drei Guṇas bestehen, vergänglich sind und unbefriedigend sein müssen. Der Jñānī weiß, daß das, was er als Leid erfährt, sich nicht abwenden läßt; es fällt ihm zu als Folge seiner üblen Taten, die er in diesem Leben oder in früheren Leben begangen hat und die sich im gegenwärtigen Leben auswirken müssen. Es können das seelische oder physische Leiden sein, z. B. verursacht durch Klima und Naturkatastrophen, oder auch Leiden, die durch andere Wesen bewirkt werden.

Vor dieser Erkenntnis verwünschte er sich, wenn er einsah, daß das, was er getan hatte, ihm Leiden einbrachte. Er klagte, wenn es zu spät war. Jetzt aber weiß er, daß er die Suppe aufessen muß, die er sich selbst eingebrockt hat, und er findet es sinnlos, darüber betrübt zu sein und zu klagen.

Auch wenn der Jñānī Wohl erlebt, so weiß er, daß dies eine natürliche Folge davon ist, daß er in früheren Leben gute Taten getan hat, die sich jetzt in diesem Leben auswirken. Aber er begehrt nicht mehr nach solchem Wohl. Er stellt bloß fest, daß er Wohl empfindet – ohne es willkommen zu heißen.

Er hat keine Zuneigung zu irgend etwas. Er weiß, daß Zuneigung auch zu den feinsten Objekten aus dem Irrtum entsteht, daß man den an sich ganz uninteressanten Objekten der Māyā-Welt gleichsam eine reizvolle Farbe aufträgt, die sie an sich gar nicht haben. Er hat auch nicht Furcht – d. h. er leidet nicht darunter, daß er, machtlos wie er ist, jeden Augenblick erwarten muß, daß die Dinge, denen er früher seine Zuneigung zuwendete, ihm entzogen werden könnten.

Er hegt keinen Ärger, keinen Zorn, keinen Haß gegen diejenigen, die ihm den Gegenstand seiner Zuneigung entziehen – denn er hat ja eben keine Zuneigung zu irgend etwas.

Im Turīya-Zustand kam der Ātmā zum Erleben seiner selbst. Der "Knoten des Ich" ward zerschnitten. Auch wenn das Bewußtsein des Geistes und Leibes zurückkehrt, hat der Jñānī gar keine Zuneigung zu irgend etwas, das der Welt der Vergänglichkeit angehört.

Wann immer der vollendete Jñānī will, kann er sich vom Erleben äußerer und innerer Objekte zurückziehen. Wie die Schildkröte nach Belieben ihr

Haupt in den Panzer zurückziehen und es wieder herausstrecken kann, so wird diese Fähigkeit in der Bhagavad-gītā beschrieben. Das aber setzt voraus, daß der Jñānī nicht nur seine äußeren und inneren Sinne voll und ganz beherrscht, sondern ebenso das Manas, das an die Sinnesobjekte zu denken geneigt ist. Daß er das Manas zu beherrschen vermag, ist nicht nur die Folge seiner Ātmā-Erkenntnis, also der Erkenntnis, daß der Ātmā weder Leib, noch Seele, noch Geist ist, sondern das hat auch noch eine andere Ursache. Da der Adept auf seinem Schulungsweg sich nicht bloß auf seine eigene Stärke verließ, sondern auf Gott und dessen stärkende Kraft, ist seine Haltung im Einklang mit der des "inneren Freundes". Dieser hilft dem suchenden Ātmā und vernichtet vollkommen die Wurzel jeglicher Zuneigung zum Vergänglichen.

Der Karmayogī tut seine Pflicht mit aller Gründlichkeit und Genauigkeit, ja mit Liebe, denn er weiß, daß er dadurch Gottes Ordnung erfüllt, und er überläßt es Gott, ihm das Notwendige zu geben und ihm zu helfen.

Auch der Jñānayogī bemüht sich mit aller Kraft. Doch reicht sein eigenes Bemühen nicht aus, er weiß, daß er der Hilfe des inneren Lenkers bedarf, wenn er in seinem Streben nach Befreiung von der Unwissenheit (mukti) Erfolg haben soll.

Nirgendwo lehren die Śāstras, daß ausschließlich eigenes Bemühen zum Ziele führe. Und nirgendwo lehren sie, daß es ohne ernstes Bemühen und Ringen ginge und daß man durch bloßes Sichverlassen auf die Gnade Gottes zum Ziele gelangen könne; sondern sie lehren, daß je nach dem Grade des ernsten Bemühens des Adepten die helfende Kraft Gottes wirkt. Und je nach dem Grade des Wirkens der Kraft Gottes setzt wieder stärkere Bemühung des Adepten ein. Untätigkeit wird als Vikarma, Finsternis, Tamas, als Tod des wahren Lebens bezeichnet.

Immer wieder wird eingeschärft: Die Beherrschung der äußeren Sinne reicht nicht aus, wenn der "innere Sinn" nicht beherrscht wird. Denn ein unbeherrschtes Manas denkt an die Sinnesobjekte. Es entsteht eine Verbindung mit ihnen, ein Anhaften. Die Sinnesobjekte werden irrtümlich für reizvoll gehalten. Lust zu ihnen entsteht. Wo sich Widerstände darbieten, entsteht Haß. Der Mensch verliert die klare Überlegungskraft und die Erkenntnis dessen, was er zu tun und zu lassen hat. Er vergißt die Unterweisung der Śāstras über seine Pflicht und was die Folgen der Überschreitung dieser Pflichten sind. Sein Verstand wird von neuem ein Sklave der Lust. Wenn das Manas aber beherrscht wird, dann mögen die Sinne des Adepten die Objekte genießen, die der Leib zu seiner Erhaltung braucht – soweit ihm das auf diesem Pfade des Jñānayoga erlaubt ist –, ohne daß dieser Genuß neue Lustreize hervorruft, denn die Objekte sind ja bereits reizlos geworden.

Der Jñānī, der von allem Begehren nach äußeren Dingen frei wurde – so wie er frei wurde von den von Begehren getragenen Eindrücken oder Vāsanās im Unterbewußtsein –, ist frei vom Wahn des Ich und daher auch frei vom Wahn des "mein" und "dein", d. h. vom Wahn, daß er etwas besitzen könne oder begehren solle. Er muß nur noch das auskosten, was sich als Folge seiner früheren Taten bereits in diesem Leben auszuwirken begonnen hat, z. B. etwa als einen kranken Leib, ein beginnendes körperliches Gebrechen, zänkische Mitmenschen, Armut usw.

Doch ehe der Adept auf dem Jñāna-Pfade an diesem Ziele der völligen Wahnfreiheit angelangt ist, erheben sich schwere Probleme, die er wach und klar erkennen und lösen muß. Der Mensch ist Sklave seiner Vergangenheit. Diese Vergangenheit bestimmt seinen gegenwärtigen Charakter, sein Temperament. Wie vermag sich seine Willenskraft gegen seine ihm eingeborene Natur durchzusetzen? Wie wird er mit den "zwei Seelen in seiner Brust" fertig, dem triebmäßigen Streben nach Genuß und dem Streben nach Erlösung des Ātmā?

In der Bhagavad-gītā (18, 7-23) wird erörtert, daß es auch unter den Menschen teuflische Naturen (asuratvam) gibt, die sich von vornherein der Unterweisung durch die Śāstras widersetzen – und edle Naturen (devatvam), die von vornherein bereit sind, sich der Unterweisung durch die Śāstras zu fügen. Hier interessiert uns nur die letztere Art von Wesen.

Das Śāstra verbietet etwas, es teilt auch mit, welche unheilsamen Folgen ein bestimmtes Verhalten hat (und welche guten Folgen ein anderes Tun mit sich bringt). Eben dieses Wissen hat eine große Kraft, die zu verhindern vermag, daß sich Zuneigung zu einem verbotenen Tun bildet. Das Śāstra teilt auch mit, welche heilsamen Folgen die Ausführung des gebotenen Tuns mit sich führt, damit sich keine Abneigung zu einem gebotenen Tun bilden möge.

Die gläubige Zuversicht (śraddhā), daß das, was das Śāstra sagt, zum Wohl des Strebenden ist, treibt zum Tun des Gebotenen und zum Vermeiden des Verbotenen. Das klare Erkennen, warum die Śāstras etwas empfehlen oder verbieten, wird zu einer Kraft, die mit der triebmäßig zum Genuß hinstrebenden Natur des Menschen sehr wohl fertig werden kann.

Dieses Erkennen setzt aber voraus, daß der nach Mukti Strebende sich ganz klar darüber ist, woher die Neigung in ihm eigentlich kommt, gegen seinen eigenen Willen und gegen seine bessere Einsicht oftmals gerade das zu tun, was er in seinem eigenen Interesse, d. h. im Interesse seines Ātmā, nicht tun sollte. Er weiß: Lust (kāma) ist der Feind des Ātmā. Um diesen Feind besiegen zu können, muß der Adept genau erkennen, wo die Lust (kāma) ihre Throne hat. Die Throne sind die Sinne und das Manas und die von Vāsanās getriebene Buddhi. Also muß er nicht nur die Sinne, sondern auch das Manas und die Buddhi beherrschen lernen. Und er vermag sie in dem Grade zu beherrschen, als es gelingt, die fünf großen Hindernisse zu beseitigen.

In der nachstehenden, den Śāstras folgenden Darstellung der fünf großen Hindernisse auf den Heilswegen, insbesondere dem Jñānayoga, treten sehr beachtenswerte psychologische Einsichten zutage.

Die fünf großen Hindernisse werden bezeichnenderweise "Qualen" (kleśa), d. h. Qualen hervorrufend, genannt. Sie alle sind Ausdruck von Unwissenheit, Ausdruck des Mangels an objektiver Wirklichkeitserkenntnis. Sie heißen Qualen, denn sie quälen den Menschen, der einen Weg gehen will, der zur Befreiung (mukti) des Ātmā führt. Wahres Wissen, d. h. Ātmā-Erkenntnis und Paramātmā-Erkenntnis, aber vermag dieses Unwissen, das in Gestalt der fünf Hindernisse Qual hervorruft, restlos zu verbrennen. Die fünf Hindernisse sind:

1) Tamas (Finsternis, avidyā), "Unwissen", das darin besteht, daß man
   - a) vergänglichen Dingen Ewigkeit zuschreibt;
   - b) unlauteren Dingen Lauterkeit und Schönheit zuschreibt, z. B. dem menschlichen Leibe, der aus widerlichen Dingen entstanden ist (Samen und Ovum), widerliche Dinge produziert (Schweiß, Urin, Kot), der eigentlich abstoßend ist und erst gebadet und wohl gepflegt usw. zu einem ästhetisch erscheinenden Körper wird;
   - c) böse Taten für Tugenden hält;

d) das, was im Grunde zu Leid führt, für Wohl hält;
e) daß man meint: Ich bin der Mensch in diesem Leibe.

2) Moha (asmitā), "Die Betörung",
d. h. die innere Ohnmacht, wodurch man nicht zu erkennen vermag, daß nicht der Verstand (buddhi) das wahre Ich ist.[9]

3) Mahā-moha (rāga), "Die große Betörung",
daß man nach wahrem Wohl begehrt, ohne daß man sich darum bemüht.

4) Tāmisra (dveṣa), "Finstere Nacht"
wird verglichen, daß man wünscht, es möge einem wohl ergehen, obwohl man das tut, was zum Wehe führen muß.

5) Andha-tāmisra, "Blind machende finstere Nacht"
wird das leidenschaftliche Hängen am Leibe genannt, obwohl man doch weiß, daß dieser Leib vergänglich ist und man in früheren Lebensläufen immer von neuem den unausweichlichen Zerfall des Leibes erfahren hat.

Die Eindrücke der zahllosen Erlebnisse in unendlich vielen Lebensläufen sind, wie schon anfangs dargestellt wurde, im Citta aufbewahrt. Diese uralten Eindrücke wirken oftmals mächtig, schicksalsbestimmend, wenn sie auch zumeist nur im Unterbewußtsein ruhen. Die Gesamtheit aller dieser Eindrücke einstiger Taten, sowohl jener Taten, die im Einklang mit den Geboten der Śāstras waren, wie auch der Eindrücke aller jener Taten, die im Gegensatz zu den Geboten der Śāstras waren, wird auf Sanskrit karmāśaya (karma-āśaya) genannt.
Das Wort karmāśaya bedeutet: dasjenige, worin das kommende Schicksal ruht und keimt.
Als Folge der vorhin aufgezählten Formen der "Unwissenheit" (kleśa) ist der Karmāśaya erwachsen.
Wenn es gelingt, durch klare Erkenntnis diese Qual hervorrufenden fünf Arten der Unwissenheit (die fünf kleśas) zu vernichten, so ist damit auch der Ackergrund aller Qualen und alles heimlich wuchernden Schicksals vernichtet, das aus dem Karmāśaya aufsprießt. Denn die Vernichtung der Ursache bewirkt die Vernichtung der Folge. Alles, was uns an Schicksal widerfährt oder uns in Zukunft widerfahren wird, unser gesunder oder kranker Leib, die Beschaffenheit unseres Geistes, unserer Umgebung, unser Glück oder Unglück... alles ist gemäß uralter indischer Erkenntnis nichts als ein Aufsprießen der Samen, die wir einstmals selbst gesät haben, ein Ausreifen, eine Gestaltwerdung der Folgen unserer eigenen früheren Taten.
Wir sprachen schon mehrmals von der Anwesenheit des in jedem Herzen weilenden "inneren Lenkers", des "inneren Anschauers von allem", des "stillen Zeugen der heimlichsten Gedanken", der jeden Ātmā auf seiner endlosen Irrwanderung durch die Reiche der Gottabgewandtheit treulich begleitet. Die bloße Anwesenheit des inneren Lenkers bewirkt die Auswahl und das Ausreifen der im Unterbewußtsein schlummernden Schicksalsan-

9 Also Gegensatz zu Descartes': "Ich denke, also bin ich".

lagen, d. h. sie bestimmt den physischen und psychischen Charakter des Menschen in diesem und im künftigen Leben.
Nur ein kleiner Teil der Schicksalskeime wirkt sich in dem Leid und in der Freude aus, die von dem Menschen in diesem Leben erfahren werden. Dieser Teil des Karmāśaya wird der bereits wahrgenommene (wörtlich: gesehene, dṛṣṭa) Karmāśaya genannt. Der überwiegende Teil allen Karmas, das was sich erst in künftigem Leben auswirken wird, wird der nichterfahrene (adṛṣṭa) Karmāśaya genannt. Den Folgen früherer Taten vermag sich niemand zu entziehen, diesmal oder ein anderes Mal müssen sie sich auswirken.
Der Teil des Karmāśaya, der bereits zur sichtbaren Schicksalsgestalt geworden ist, zum gegenwärtigen Charakter und Leib, dem Schicksal, das einem auf Grund dieses Charakters, dieses Leibes, der Umstände, in die man geboren wurde, zuteil wird und das sich weiter auswirken muß, verursacht, daß ein Mensch z. B. nicht sterben kann, auch wenn er Selbstmord versucht, ehe der bereits sichtbar gewordene Karmāśaya sich nicht erschöpft hat, ehe die Frucht des sich bereits auswirkenden Karmas, das diesen Leib produzierte, sich nicht verbraucht hat.
Auch bei einem Jñānī, der Befreiung (mukti) erlangt hat, muß der Teil des Karmas, der bereits sichtbar geworden ist, sich auswirken. Doch die Menge des noch unsichtbar ruhenden Karmas wird bei dem Jñānī, der Vollkommenheit erlangt, sofort restlos verbrannt.
Die Tatsache, daß auch bei einem Befreiten das bereits begonnene Schicksal sich vollenden muß, daß er also auch nach Erlangen der Befreiung noch weiterlebt und sein gegenwärtiger Leib und Geist nicht vernichtet wird, hat die segensreiche Folge, daß erlöste Ātmās, vollendete Jñānīs, als Lehrer und Helfer noch unter den Menschen weilen. Ohne sie würde es ja niemanden in der Welt geben, der es vermöchte, den vollen Gehalt der Śāstras den Erlösung suchenden Adepten mitzuteilen und sie zu beraten. Doch wird in den Texten betont, daß der bereits erlöste Ātmā, des Jñānī, auch wenn er noch im Körper und Geiste weilt, keineswegs mehr durch Leid und Freude berührt wird.
Neues Karma wird schon von dem Yogī, der den Weg des Niṣkāma-Karmayoga geht, seinem bisher angesammelten Karma nicht mehr hinzugefügt. Dasselbe gilt in noch höherem Maße für den Jñānī. Was er also nach Erlangen der Befreiung von der Unwissenheit tut, bringt keine Frucht. Was er tut, bindet ihn nicht mehr.
Der Spiegel des Citta, das von allen Eindrücken frei gewordene Citta, ist lauter und rein, aber es ist noch da. Doch aus dieser Schicht des Bewußtseinslebens sprossen keine Keime mehr auf, die Natur des Citta ist zu unbeschmutztem Sattva geworden, aber es gehört doch noch dem Sattva-guṇa der Māyā zu.
Ebenso ist das Ich des Menschen noch da. Der Mensch, dessen Ātmā zur Erkenntnis seiner selbst kam, hatte vorher gemeint, seine Persönlichkeit hätte einen Eigenwert. Jetzt weiß er, daß er überhaupt nur so lange noch da ist, als das schon zu wirken begonnene Karma sich noch nicht erschöpft hat. Nachher wird er aufhören zu sein. Der Ātmā, das wahre Ich, wird tatsächlich die Hüllen verlassen, nicht bloß die grobe äußere Leibeshülle, die auch beim Tode des Unerwachten abgelegt wird, sondern auch die feinen unsichtbaren geistigen Hüllen. Und auch diese wird er nicht bloß zeitweilig beiseite legen, wie es bei der seltenen Erfahrung des Turīya-Zustandes noch

während des Erdenlebens geschieht, sondern für immer wird er alle ihn bindenden Hüllen abwerfen.
Das geht ohne Qual und ohne Schmerzen und ohne Furcht vor sich. Denn der Ātmā weiß, daß er aus der Fremde zu sich selbst zurückkehrt, daß er in seine wahre ewige Heimat geht. Und was geschieht mit den geistigen feinphysischen Hüllen des Menschen? Er weiß, daß er erlischt, wie eine Flamme, die kein Öl mehr hat. Sowohl der Ahaṅkāra, die feinstoffliche Grundlage seines illusionären Ich, und auch Citta, Buddhi, Manas, sie hatten - ebenso wie der grobphysische Leib - nur so lange ihr Leben, als der Ātmā in Verbindung mit ihnen war und ihnen Leben verlieh. Wenn der Ātmā die Hüllen verläßt, endet das Leben in den groben und feinen Leibeshüllen. Sie werden, was sie von Natur aus sind, lebloser dichter Stoff, beziehungsweise lebloser feiner Stoff. Und sie kehren zu den Elementen zurück, aus denen sie stammen.
Gelassen ertrug der Ātmā diese letzte nur mehr ganz oberflächliche Verbindung mit den Hüllen, die er immer mehr als ihm ganz fremd erkannt hat, als die bloßen Auswirkungen des Karmas.
Der Zerstörung des physischen und psychischen Leibes, dem Ende des "Menschen", der nur eine verhüllende Maske des Ātmā war, gingen voraus:
1) Das Stillmachen und allmähliche Beiseitelegen des ewig unruhigen, von Lust und Unlust dahingetriebenen Geistes (manas).
2) Das Verblassen und die schließliche Auflösung, das Ende der Vāsanās, aller der lustgetragenen und unlust-getragenen, ins Citta eingeprägten Eindrücke, die im Citta wohnten (vas) und die spontan, ohne bewußte Absicht, hervorbrachen und das Denken und Handeln des Menschen "instinktiv" beeinflußten und die verursachten, daß er oftmals gefühls- und willens-mäßig zu bestimmten Taten angespornt wurde, ohne daß er es eigentlich wollte. Zu diesen Vāsanās gehört im Sinn der Śāstras alles, was in der Kulturgeschichte der Menschheit als dichterische, künstlerische und religiöse "Inspiration" von innen heraus, aus einer großen Tiefe heraufleuchtet. Alles das sind vom Blickpunkt des Ātmā, vom Blickpunkt der ewigen Wirklichkeit her gesehen nichts als Impulse, die aus Eindrücken stammen, welche die Erfahrungen in früheren Erdenleben hinterließen. Alles das ist, vom Ātmā aus gesehen, bloß wie Gewölk, aus einer Gärung im Unterbewußtsein, im Citta, herauftauchend.
Zum Beispiel das Wohl des Behütetseins, des Umhegtseins, des Beschütztseins durch die Mutter ist von jedem Wesen unzählig viele Male als Wohl erlebt worden. Und aus den Eindrücken dieses Wohls stammen gemäß den vedischen Urkunden diejenigen Vāsanās im Unterbewußtsein, in denen das instinktive Sehnen nach der "Mutter" aufsteigt, das in allen Kulturperioden zur künstlerisch-religiösen Gestaltung geführt hat.
Ein anderes Beispiel: Die ins Citta eingegrabene, immer wieder erneute schmerzliche Erfahrung des Sterbens hat gewiß mit dazu geführt, für die feinphysischen Hüllen und die illusionäre Persönlichkeit und sogar für den grobstofflichen physischen Leib Ewigkeit und Auferstehung zu erträumen, die sie ihrer Natur nach ja gar nicht besitzen können. Es ist eine Vorstellung, die für den ewigen Ātmā vollkommen berechtigt ist, aber nicht für das, was wir Seele oder was wir Persönlichkeit nennen. Die in jedem Lebenslauf immer neue Individualität kommt ja im Sinne der Śāstra-Erkenntnis nur dadurch zustande, daß der ewige unzerstörbare Ātmā sich nach jedem Tod mit immer neuen Stoffhüllen fälschlich identifiziert.

Alle ins Citta eingegrabenen Eindrücke, alle Vāsanās, die den Menschen in seinem Ichgefühl bestärken und es erweitern und es bereichern oder die dieses Ich als unsterblich idealisieren und in ein höheres künftiges Leben transponieren wollen, tragen in keiner Weise dazu bei, dem Ātmā zu seiner Befreiung (mukti) zu verhelfen. Sie bestärken den Menschen nur in seinem Irrtum, daß seine vergängliche Persönlichkeit einen besonderen Wert habe, den man erhalten, steigern und idealisieren solle. Sie alle werden in den Śāstras als dem Bereich der Illusion zugehörige Vāsanās (asat-vāsanā) bezeichnet.
Da der Karmayogī und der Jñānayogī im allgemeinen kaum in einem einzigen Leben sein Ziel erreichen, das in der Erlösung des Ātmā von seinen groben und feinen Stoffeshüllen und vom illusionären Ich besteht, der Yogī jedoch in immer erneutem Bemühen, oft im Verlauf mehrerer Lebensläufe nach diesem Ziele strebte, läßt dieses Streben sattvahafte Eindrücke im Citta zurück. Derartige Eindrücke werden Sat-Vāsanās genannt. Diesen Sat-Vāsanās eignet eine große Kraft. Sie drängen den betreffenden Menschen, in dem sie wirken, beharrlich dazu – oft genug, ohne daß er bewußt will –, den Pfad des von den Śāstras angewiesenen Karmayoga oder Jñānayoga zu gehen. Was er in einem längst vergangenen früheren Leben vom Wesen der Welt, von Gott, vom Ātmā hörte und zu verstehen suchte, das alles ließ Eindrücke in seinem Citta zurück, die nun als Sat-Vāsanās aus dem Inneren intuitiv aufsteigen und dem Menschen oft genug eine "Inspiration" Gottes selbst zu sein scheinen. Ob es wirkliche Sat-Vāsanās sind, entscheidet aber nicht die Intensität des Erlebens dieser "Inspirationen" oder das Glücksgefühl, das sie schenken, auch die Zukunft erweist es nicht, sondern einzig und allein das Śāstra, das klar und deutlich beschreibt, was Sat-Vāsanās sind und wie sie sich konkret in der Lebenshaltung und Denkart des betreffenden Menschen ausdrücken.
Erfahrungsreligion, d. h. Religion, die auf Erfahrung historischer Personen gegründet ist, ebenso wie Mythologie, sind grundsätzlich verschieden von dem, was die Śāstras mitteilen. Denn im Sinne ihrer eigenen Aussagen sind diese Śāstras nicht Niederschlag der Ergebnisse und Erfahrungen von Sehern und Weisen historischer Vergangenheit und Gegenwart, die dann systematisch zusammengestellt wurden; sondern die Śāstras sagen über sich selbst aus, daß sie als ewige "Wortform Gottes" bereits da waren, ehe es irgendeinen Menschen, einen Seher, einen Weisen gab. Gemäß den Aussagen der Śāstras selbst stammen sie also nicht vom Menschen, sondern sie sind vor-menschlich (a-pauruṣeya). Auf dieser Tatsache beruht für die Gläubigen die absolute Autorität der Śāstras. Sie sind in sich selbst gegründet; sie sind selbst Beweis und bedürfen nicht des Beweises, so heißt es.
Im Sinne der Śāstras hat der Mensch als Mensch überhaupt keine Möglichkeit, die Richtigkeit der Aussagen der Śāstras nachzuprüfen oder zu beweisen. Doch in dem Grade, wie die irdische Individualität verblaßt, das (illusorische) Ich sich auflöst, kommt der Ātmā zur Erkenntnis seiner selbst – und dann erweist sich der "Mensch" und seine Individualität als ein bloßer aus Asat-Vāsanās und Irrtum geborener "Mythos". Erst dann, wenn die Menschenhülle und die Individualität des Menschen aufgehört haben zu sein, stellt sich heraus, daß die Śāstras die Wahrheit über sich selbst und über das Wesen des Ātmā und über die Wege zu seiner Befreiung aussagen.
Eine Religion und Philosophie ist vom Gesichtspunkt der Śāstras in dem Grade unheilvoll, das heißt hinderlich der Lösung des Knotens, der aus Unwissenheit, aus Irrtum besteht und durch Karma immer fester gezogen

wird, insoweit sie die Kontinuität dessen lehrt, was man Individualität nennt, denn dadurch bestärkt sie den Irrtum und pflanzt den Mythos einer persönlichen Unsterblichkeit fort.
Freilich, da die geistige, die feinstoffliche Hülle des Ātmā ihn seit anfangsloser Zeit bis zur Auflösung des Herzensknotens und zum endgültigen Verlassen dieser Hülle begleitet, scheint ihr lang dauerndes Dasein dem Unwissenden eine Kontinuität zu bedeuten. Es sind aber nur die feinstoffliche Grundlage des Ichgefühls und die Struktur von Buddhi, Manas und Citta, die erhalten bleiben, zusammen mit den Antrieben, Tendenzen, Sympathien und Antipathien, die aus den Eindrücken früherer Leben stammen und wie gärender Schmutz auf dem Citta liegen. Der Inhalt einstiger Leben bleibt nicht erhalten.
Da jedes Ichbewußtsein, wie wir es auf Erden kennen, eine Illusion, gleichsam das Ergebnis einer Hypnose ist, führt es in die Irre, wenn man bewertend von einem "egoistischen", selbstischen Ich (Ahaṅkāra) spricht und ihm ein mehr altruistisches Ich gegenüberstellt. Es handelt sich bloß um gradweise Unterschiede innerhalb einer Illusion. Vom Blickpunkt der ewigen Wirklichkeit her ist es verhältnismäßig unbedeutend, ob dieses Ich selbstisch oder altruistisch ist.
Denn das Ich an sich ist im Sinn der Offenbarung der Śāstras nur das Ergebnis von Unwissenheit, ganz gleich, ob es sich um ein selbstisches oder altruistisches Ich handelt.
Sowohl Weltanschauungen, die einen Körperkult und eine geistige Kultur als Gegensätze betrachten, als auch diejenigen Weltanschauungen, die eine mehr materielle Zivilisation oder eine mehr geistige Kultur zur Vorherrschaft bringen wollen, und ebenso eine Weltanschauung, die eine "Harmonie von Geist und Körper" anstrebt, sind letztlich im Sinne der Śāstras nur verschiedene Denkformen (Phantasien), die aus Unwissenheit bestehen und die durch Vāsanās angespornt werden. Keine dieser Weltanschauungen zeigt wahres Menschentum auf. Denn ein solches besteht ja gemäß den Śāstras darin, daß der "Mensch" erkennt, daß sein Menschentum nur ein Übergang ist, und es wird gelehrt, wie er sich bereit machen kann zu seinem eigenen Untergang – um den Weg frei zu machen für den Ātmā.
In der indischen Geistesgeschichte sind Theorien aufgestellt worden, die behaupten, der Ātmā leide überhaupt nicht, es leide eigentlich bloß der Leib und der Geist. Im Sinne der Śāstras sind diese Theorien falsch. Der Ātmā leidet gewiß, da er sich fälschlich mit den Hüllen identifiziert, die erst durch seine Gegenwart ein geborgtes Leben empfangen und ohne ihn bloß toter Stoff sind. Auch wenn man bloß träumt, daß man von einem Tiger zerfleischt werde, so leidet der Träumende.
Ebenso ist – von den Śāstras aus beurteilt – auch jene andere Theorie irrig, die aussagt, daß die Hüllen, der Leib und der Geist gar nichts seien, etwa so wie das "Horn eines Hasen"[10], und daß diese Hüllen nur eine besondere Form des Unwissens seien. Nein, die Śāstras lehren, daß diese Hüllen wirkliche stoffliche Hüllen sind, nicht bloß gedankliche Projektionen oder Illusionen. Illusion, falsch, unwahr ist einzig bloß der Ichbegriff (Ahaṅkāra), der den Ātmā veranlaßt, sich mit dem Leib und dem Geist als eine Individualität zu identifizieren.

---

10 Berühmter Vergleich aus der indischen Logik, um etwas ganz Irreales zu bezeichnen.

Die Śāstras schärfen nachdrücklich ein, daß der Mensch auf keinen Fall den Weg des Jñānayoga betreten dürfe, ehe er die vorhergehenden Stufen des Lehrgangs durchgegangen ist und ehe ihm als Folge dieses vorbereitenden Lehrgangs die äußeren und die inneren Objekte bereits reizlos geworden sind.

Ohne die Erfahrungen dieser notwendigen Vorstufe fängt das Ich des Menschen an, sich zu spalten. Die Buddhi, das Bewußtsein, ist noch so sehr vom Tamas- und Rajas-guṇa überwältigt, daß es gar nicht recht hinhören kann auf das, was vom Ātmā gesagt wird. Das Bewußtsein bildet sich statt dessen krampfhaft ein, es sei der Ātmā. Und der Mensch sagt: "Ich bin der Ātmā", entdeckt aber im nächsten Augenblick, daß er noch von Leidenschaft hin- und hergerissen wird und daß in ihm noch ein anderes "Ich" da ist. Und so fängt er an, ein Doppelleben zu führen, daß ihm weder ein volles Menschenleben gestattet, noch dem Ātmā zu seiner Selbsterkenntnis verhelfen kann.

Nun steigt aber die Besorgnis auf: was wird aus der herrlichen abendländischen Kultur, wenn alle Ātmās zur Erkenntnis ihrer selbst kommen und an den Dingen der physischen und geistigen Welt keinerlei Reize mehr finden?

Die Fragestellung ist naheliegend – doch beruht sie auf einem Irrtum.

Der in der feingeistigen Hülle befindliche Ātmā bekommt auf Grund der Auswirkung seines eigenen Karmas, seines Wirkens in früheren Seinsformen, eine von den Eltern gelieferte, genetisch bedingte physische Hülle, so wie er sie verdient hat, und die Eltern ihrerseits erhalten ein Kind, so wie ihre eigenen Ātmās es sich in früheren Daseinsformen verdient haben. Was aber für innere Anlagen, Vāsanās und Saṁskāras sich im Leben dieses Kindes auswirken werden, ist nicht durch die Eltern bedingt. Falls sowohl die Eltern wie das Kind es verdient haben, sind sie einander ähnlich, wenn sie es nicht verdient haben, können sie grundverschieden sein. Die Vererbungstheorie wird also nicht restlos eliminiert, sondern nur durch die Aussagen der Śāstras vertieft und berichtigt.

Auch in einer Gesellschaft, die tatsächlich willig wäre, sich völlig der Śāstra-Ordnung zu unterstellen, gäbe es stets nur ganz wenige Menschen, die befähigt wären, den harten Pfad des Jñānayoga zu gehen. Es besteht also durchaus keine Gefahr, daß alle Menschen ihre Erdenpflichten und irdischen Freuden im Stich ließen und Jñānayogīs würden.

Jede Kultur auf Erden ist immer die Resultante von zwei Kräften mit sehr abweichender Zielrichtung: der Kraft der wenigen, deren Leben und Streben von einem hohen Ideal gespeist wird, und der anderen Kraft, welche die große Mehrheit der Menschen bewegt und sie hauptsächlich zu einem tierischen Sinnenwohl hinzieht. Je höher das Ideal ist, und je mehr Menschen sich um dieses Ideal scharen, desto größer ist die Wahrscheinlichkeit, daß eine wahre Kultur in diesem Lande zustande kommt; im glücklichsten Fall eine Kultur, die von Ātmā-Erkenntnis überleuchtet und getragen und geformt ist. Aber erfahrungsgemäß ist in diesem Kräfteparallelogramm die in physischen Genuß und tierische Lust niederziehende Kraft zumeist viel stärker.

Das Überwiegen der niederziehenden Kräfte hat verursacht, daß die hohen Kulturen, die eine Harmonie von geistigem Ideal und physischem Genuß anstrebten, am Mißbrauch der Sinne zugrunde gegangen sind. Diejenigen Kulturen, die mehr oder weniger bemäntelt, letztlich doch bloß Sinnengenuß und wissenschaftliche Ausbeutung der Natur als Zentrum haben,

sind, vom Blickpunkt der Śāstras betrachtet, ohnehin nichts als hochintellektuell organisierte Tiergesellschaften.
Nicht idealistische und physische Kultur sind die Gegenpole. Idealistische und physische Kulturen auf der einen Seite und auf Ātmā-Erkenntnis abzielende Kulturen auf der anderen Seite sind die Gegensätze. Idealismus und Materialismus sind nur Zwillingskinder der gemeinsamen Mutter "Unwissenheit". Es ist die Unwissenheit über das Wesen des Ātmā, über die Würde des Menschen und den Sinn des Lebens überhaupt.
Das "Menschsein" wird zum Vorwand, unter dem die Lust sich erhalten und den Ātmā in den ihm fremden Hüllen festhalten will. Doch im Sinn der Śāstras sollte der Menschenzustand das Mittel sein, um den Ātmā von den Hüllen zu befreien.
Die Frage erhebt sich: Was tut der innere Lenker (antaryāmī), der Freund, für den Jñānī? Und wohin geht der Freund, wenn der Ātmā frei wird?
Schon bei der Besprechung des Karmayoga hatten wir gesagt, daß der innere Lenker, der bei jedem Wesen weilt, sich von jenem Augenblick an für jenen Ātmā wirklich interessiert, da der betreffende Ātmā, d. h. der Mensch, mit dem der Ātmā sich identifizierte, willig ist, sich der von Gott eingesetzten Ordnung zu unterstellen und Ihn, den er noch nicht kennt, von dem er nur hörte, dadurch zu erfreuen, daß er sich fortab ernstlich müht, sein ganzes Leben zu einem Opfer (yajña) zu gestalten.
Dem Ātmā im Jñānī steht der innere Lenker noch viel aktiver bei. Ähnlich wie der Mensch – solange er noch nicht erkannt hat, daß er bloß Hülle ist, sich der Welt von Raum und Zeit, der Welt der Materie zugehörig fühlt – so weiß der Ātmā, der frei wird und der ja seinem Wesen nach Cit ist, sich der Cit-Welt zugehörig. Der sonnenhafte Ātmā erkennt gleichsam, daß er zur Erkenntnis-Sonne gehört und daß er selber nichts ist ohne diese Zugehörigkeit zur Gotteswelt. Es schließt also wahre Ātmā-Erkenntnis Gott-Erkenntnis ein. Ja, schon ehe der Ātmā selber zu dieser Erkenntnis kommt, wird der Mensch, der den Weg des Jñānayoga geht, darin unterwiesen, wer und was Gott ist und daß substantiell Ātmā und Gott beide etwas gemeinsam haben: beide sind Sad-Cid-Ānanda, Sein-Erkenntnis-Glück. In bezug auf ihrer beider Natur sind sie also identisch, wenn auch freilich die Intensitätsgrade sehr verschieden sind, der Ātmā winzig klein und Gott unendlich groß ist. Wenn der Ātmā erkennt, wer er ist, so erfährt er also, zu wem er gehört, und erkennt: Ich bin ja gar nicht von der Welt der Materie, wie ich in falschem Ichbegriff meinte, ich bin nicht Welt, Stoff – ich bin von Gottes Natur. Das ist der ursprüngliche Sinn der Worte "tat tvam asi" – "Das bist du" und keine Identitätsformel, wie in Indien und im Westen oftmals gemeint wird.
Diese Ātmā-Erkenntnis bedarf also einer Gott-Erkenntnis. Der innere Lenker, der verborgene Freund, war immer in der Nähe des Ātmā, unerkannt. Die Hülle der Materie verhüllte den Ātmā. Da müßte der Ātmā also Gott sehen können, sobald diese Hülle um den Ātmā, das Unwissen, zerreißt?
Nein, die Māyā – weder ihr Stoff-Aspekt noch ihr Unwissen-Aspekt – vermag niemals Gott zu verhüllen, welcher der Herr der Māyā ist. Es ist die Gott selbst eigene höchste Kraft der Erkenntnis und des Glücks, die Gott unsichtbar macht, auch wenn Er, der Allgegenwärtige, überall ist.
Gott spricht in der Bhagavad-gītā:

"In Yogamāyā eingehüllt,
bin Ich nicht jedem offenbar,

nicht kennt Mich die betörte Welt,
den Ungeborenen, den Unwandelbaren."

Bhagavad-gītā 7, 25

Das heißt also: Gott ist keineswegs ein Objekt, das man sehen könnte, wenn man sich auch noch so sehr bereitete. Es ist Seine Initiative, ob Er sich zu erkennen geben will oder nicht. Und Er gibt sich keinen Augenblick eher zu erkennen, als der Ātmā wirklich danach begehrt, d. h. in Ausübung seiner eigenen Willensfreiheit nach Gotteserkenntnis strebt und es vollkommen satt ist, die Welt der Māyā zu erleben.
Es war Māyā gewesen, die in Erfüllung von Gottes Willen, dem sie untersteht, dem Ātmā die Stoffeshüllen und das irrige Ichgefühl gab, als der Ātmā sich für das Genießenwollen entschied. Und es ist dieselbe Māyā, die in Erfüllung von Gottes Willen, sobald der Ātmā sich für das Gott-Dienen-Wollen entscheidet, sich allmählich zurückzieht und schließlich den Ātmā freigibt.
Eine geschenkte Freiheit wäre nur eine halbe Freiheit. Gott will die Willensfreiheit des Ātmā in keiner Weise behindern; Er will auch nicht, daß der Ātmā, dessen Wesen Sein und Erkenntnis, also unmittelbares Leben, ist, seine eigene Größe und Würde verliere und bloß passiv auf Gottes Gnade angewiesen sei. Auf jedem ernsthaften Yogaweg ist Schritt um Schritt ernstes Sichbemühen notwendig. Der Adept ist stets allen Versuchungen der Māyā ausgesetzt. Er ist imstande, seine eigene Willensentscheidung noch in jedem Augenblick ändern zu können. Im Grade des aufrichtigen Strebens auf Gott zu, erfolgt Seine Gnade, Seine Hilfe – und das Verblassen des falschen Ichgefühls.
Es gibt indische Deutungen des Karmagesetzes, die besagen, daß die Frucht des Handelns ganz wachstumsgemäß der Art des Handelns entsprechend reife, ohne daß man einen Gott dazu brauche. Ebenso gibt es auch Lehren von späteren Meistern des Jñānayoga, die aussagen: Wenn sich der Mensch nur recht bemühe, so könne er aus eigener Kraft zur Einsicht kommen, daß er nur eine Hülle ist, die den Ātmā verdeckt; und der Ātmā könne zur Erkenntnis seiner selbst kommen, ohne daß er einen Gott dazu brauche.
Beide Lehren sind menschliche Meinungen. Die Śāstras lehren das Gegenteil. Da obige atheistische Lehren im indischen Geistesleben immer wieder auftauchen, haben die Śāstras selbst diese Lehren analysiert und zurückgewiesen, sie sind nicht wirklichkeitsgemäß.
So wie die bloße Nähe des inneren Lenkers verursacht, daß der individuelle Ātmā (jīvātmā) jeweils diejenige Hülle erhält, die er selbst verdiente, so ist es auch die Nähe des inneren Lenkers, die verursacht, daß dieser Ātmā von den Hüllen frei wird, mit denen er sich fälschlich identifizierte, und daß er in dem Grade von dem Unwissen frei wird, wie sich dieser Ātmā, der sich ein Mensch zu sein dünkt, ernsthaft darum bemüht.
Die Entscheidung liegt also bei Seiner Gnade. Der Ātmā, der von der Unwissenheit frei geworden ist, sieht nicht mehr die Welt, sondern er sieht sich, er erkennt sich. Und zu dieser Erkenntnis gehört unbedingt, daß er den "ewigen Freund" sieht, das heißt, daß Gott sich ihm zu erkennen gibt.
Einige Upaniṣaden schildern, an den Ṛg-Veda anschließend, diesen Akt des Erkennens. In dem schon erwähnten berühmten Bild von den beiden "Vögeln", den beiden wohlvertrauten Freunden, die in demselben Baum (dem Leibe) nisten, schildern sie die Beziehung des von Stoffeshüllen bedeckten gelähmten individuellen Ātmā zu dem Ātmā über allen Ātmās,

Gott dem Herrn, der in Seinem Aspekt als innerer Lenker unsichtbar in jedem Leibe bei jedem Ātmā weilt und diesen als Freund auf dessen endloser Reise durch immer neue Leibeshüllen begleitet[11].
Wie kann der ohnmächtige individuelle Ātmā, in Materie gehüllt, Ihn erschauen, der wohl dicht bei ihm, doch jenseits der Sinne, unberührt von Materie und unbegrenzt von Raum und Zeit ist? Göttliche Sehkraft muß dem gelähmten Ātmā geschenkt werden, Kraft aus der Kraft, mit der Gott sich selbst erkennt und erlebt. Das geschieht dann, wenn Gott den sich um Ihn mühenden Ātmā erwählt.
"Nur wen Er erwählt, von dem wird Er erlangt", so verkünden die Kaṭha-Upaniṣad (II, 20, 23) und die Muṇḍaka-Upaniṣad (III, 2, 3).
Ohne diese Gott-Erkenntnis wäre die Selbsterkenntnis des Ātmā bloß höchst unvollkommen. Ohne Gott-Erkenntnis wäre der befreite Ātmā nur gleichsam an der Grenzlinie zwischen Heimat und Fremde, zwischen Erkenntnis und Unwissenheit. Er hätte also bloß eine negative Freiheit wiedergewonnen. Wirkliche, unverlierbare Freiheit im ewigen Reiche der Freiheit, im Reiche, das Sein-Erkenntnis-Glück ist, unbeeinträchtigt von der Gefahr, von neuem verhüllt zu werden, gewinnt der Ātmā nur dann, wenn er Gott erkennt, d. h. wenn Gott sich ihm zu erkennen gibt. Nur wenn der Ātmā Erkenntnis seines eigenen Urgrunds, Gott-Erkenntnis hat, besitzt er volle Eigenerkenntnis. Erst die Erkenntnis der Sonne hilft zur rechten Erkenntnis des Sonnenstrahls.
Wo geht der Ātmā hin, nachdem er die Gott- und Ātmā-Erkenntnis erlangt hat? Die Antwort ist leicht zu geben. Da Gott in ganzer Fülle immerdar und überall ist, befindet sich der Ātmā sozusagen bereits an seinem Ort. Das Reich Gottes ist jeder Raum- und Zeitbegrenzung enthoben. Es ist lächerliche Überheblichkeit des Menschen, wenn er meint, daß die Denk- und Erlebensgesetze, so wie sie sein Hirn aus der Erfahrung der Māyā-Welt ableitet, die Gesetze seien, nach denen sich das Leben der Gott-Wirklichkeit im Reiche Gottes abspielt. Dies zu glauben wäre Anthropomorphismus.
Der Ātmā des Jñānī hat das Ziel erreicht in der Sicherheit und Geborgenheit der Gottzugehörigkeit. Wie ein Sonnenstrahl, der zur Sonne gehört, mag er nun das Wesen der Sonne erleben (ātmā-rāma), oder wie ein Tröpflein Erkenntnis mag er sich im unendlichen Meer der Erkenntnis, im Erleben der Aura der Geistessonne, d. h. in dem gestaltlosen unendlichen Brahman-Aspekt Gottes "verlieren". Das ist der letzte Abschluß des großen Opfers auf dem Wege des Jñānayoga, daß der Ātmā schließlich – nachdem er erfuhr, wer er wirklich ist – sich selbst hinopfert, das Nirvāṇa, die ewige Windstille, erlangt und das Bewußtsein seiner eigenen Existenz verliert. Er ist sozusagen aufgegangen in dem großen Brahman, ein Fünklein in dem unendlichen Feuer.
Insoweit er sich bewußt war, daß alles von Gott und Seiner Gnade abhängt, auch das Freiwerden, war in ihm erkennendes liebendes Dienen, das Gott erfreut. Doch war diese Bhakti nur eine Hilfe, ein Mittel zur Befreiung (mukti). Selbst sein Opfer war im Grunde noch nicht ein restlos uneigennütziges Opfer. Es geschah um des Glücks des Ātmā willen, um dessen ewiger Sicherheit und Erkenntnisgeborgenheit willen. Darin liegt die innere

---

11 Śvetāśvatara-Upaniṣad 4, 6-7 und das gesamte 13. Kapitel der Bhagavad-gītā handelt von der Beziehung des individuellen Ātmā und des inneren Lenkers. Die beiden "wohlvertrauten Freunde" werden in der Gītā der "Feldkenner" und der "Feldkenner in allen Feldern" genannt.

Grenze der Opferbereitschaft auch auf diesem Wege. Es ist noch nicht das größtmögliche Opfer.

Der Yoga des liebenden Dienens

Der unverhüllte Bhaktiyoga – das vollkommene Opfer

"Es ist mir bewußt, daß die menschliche Liebe für mich zuinnerst ein Versuch ist, dem vergeblichen Suchen nach Gott zu entfliehen."

Bertrand Russell, Memoiren I

Wir wollen nun den fünften Yogaweg betrachten, den Weg der Bhakti, der dienenden, erkennenden Liebe zu Gott. Diese Bhakti ist in ihrer ganz ungetrübten Form im Abendland noch kaum bekannt. Was man hier kennt, ist Bhakti als ein Hilfsmittel (ein unvergleichliches Hilfsmittel) auf dem Weg des Karmayoga und auch auf dem Weg des Jñānayoga, ein Mittel zur Erlangung von Erdenwohl und von Befreiung. Diese mittelbare Bhakti kommt z. B. vielfach in der Bhagavad-gītā zum Ausdruck.
Die sogenannte "unverhüllte, undurchbohrte" Bhakti, d. h. die "von Karma und Jñāna unverhüllte Bhakti", ist stets, nicht nur im Abendland, sondern auch in Indien, recht verborgen gewesen, obwohl eine so zentrale heilige Urkunde wie das Bhāgavata-purāṇa sie schon ganz am Anfang eindringlichst verkündet:

"Hier in diesem Bhāgavata-purāṇa
findet man die höchste Religion,
die Religion, die frei ist von jedem "Betrug"
(d. h. frei von jedem Schielen nach Lohn und nach Eigenwohl
und frei auch vom Schielen nach Erlösung, nach Mukti).
Sie ist die Religion derer, die niemandem Unwohl bereiten
(die frei sind von Neid, Zorn, Lust, Gier, Stolz und jeder Betörung),
die Religion der wahrhaft Seienden.
Hier wird es gefunden, das seiende Sein
(der ewigen Wirklichkeit),
das göttliches Glück gibt
und das (dreifache Leid)[12] auswurzelt.
Wer von diesem Bhāgavata-purāṇa (trinkt),
dem von dem großen Muni (Gott) verkündeten,
was bedarf er noch anderer heiligen Schriften!
Hier wird ja Gott selbst im Herzen (durch Liebe) gebunden
von denen, die inneren Auftrieb haben

---

[12] Das dreifache Leid:
1) Leid, das aus einem selbst stammt,
2) Leid, das einem von anderen Wesen zugefügt wird,
3) Leid durch Naturkatastrophen, Überschwemmungen, Erdbeben und dergleichen.

und zu lauschen, zu gehorchen, zu dienen begehren[13],
schnell, augenblicklich."

Bhāgavata-purāṇa I, 1. 2

Das erste Kennzeichen dafür, daß jemand diesen sehr verhüllten Yogaweg betreten hat und reine Bhakti sich in ihm zu offenbaren beginnt, wird Śraddhā, Glaubenszuversicht, Vertrauen genannt. Aber es ist eine ganz besondere Art von Śraddhā, von Vertrauen, da gemeint, denn es gibt vielerlei Arten von Śraddhā, das heißt, von innerer Gewißheit, daß eine bestimmte Handlung und Denkweise mich dem näherbringt, was ich als mein Lebensziel ansehe. Denn es ist klar, daß ohne solche innere Gewißheit niemand handeln und leben kann, nicht einmal einer der Titanengötter (asura), die sich gegen Gott empören und von denen die Purāṇas vielfältig berichten, nicht einmal der ärgste Bösewicht und größte Lüstling und Verbrecher. Ohne Śraddhā ist nur stumpfes halbbewußtes Vegetieren möglich.
Śraddhā wird in großen Zügen von den heiligen Texten als vierfach beschrieben:
1) Die Zuversicht, daß gerade das Gegenteil von dem zu tun, was die Śāstras anordnen, mich meinem Lebensziel näherbringt: (tāmasika-śraddhā).
2) Die Zuversicht, daß lebendige rastlose Erfüllung meiner in den Śāstras angeordneten Pflicht als Mensch mich meinem Lebensziel näherbringt: (rājasika-śraddhā).
3) Die Zuversicht, daß klare Erkenntnis des Ātmā (und des Paramātmā und des Brahman) auf dem Wege des Jñāna mich dem Ziele entgegenführt; also den Ātmā erlöst: (sāttvika-śraddhā).
4) Die Zuversicht, daß liebendes, erkennendes Gott-Dienen, ohne Erwartung eines anderen Ergebnisses als des Glücks, das im Dienen selbst besteht, das wahre Ziel sowohl des Menschen wie auch des Ātmā ist. Es handelt sich hier um eine Śraddhā, die ganz jenseitig ist (nirguṇa-śraddhā).
Die Bhaktitexte betonen, unerschütterliches Vertrauen zur reinen Bhakti, zum liebenden, erkennenden Gott-Dienen, sprießt nicht aus einem noch so feinen Herzen, Gemüt oder Intellekt auf, sondern ist etwas, das ewig ist, nicht bloß eine Funktion der inneren Hülle (antaḥkaraṇa). Diese Śraddhā zur Bhakti ist die Folge der ersten Berührung des Ātmā mit der Erkenntnis- und Erlebenskraft Gottes selbst, sie ist also ebenso wie Gott außerräumlich und außerzeitlich, sie ist wie Gott überall und immerdar, aber sie wird offenbar durch den, der bereits ein Bhakta ist, der von der Bhaktikraft erfüllt ist.
Diese herrliche Kraft der Bhakti vermag, wenn ein Bhakta es will, auch irgend jemanden zu berühren, der keinen der vorher besprochenen Yogawege geht. Das Opfer (yajña) auf den drei Stufen des Karmayoga ebenso wie die Erkenntnis auf dem vierten Weg, dem Jñānayoga, mag eine gute Vorbereitung zur Erlangung der gläubigen Zuversicht zur reinen Bhakti

---

[13] śuśrūṣu. Vergleiche die Mahnung von Kṛṣṇa als Guru am Schlusse der Unterweisung der Bhagavad-gītā (18,67):
"Du darfst es niemandem sagen,
der nicht mit seiner Ichsucht kämpft (tapasvin),
der kein Gottgeweihter ist (bhakta),
der nicht zu lauschen, zu gehorchen, zu dienen begehrt (śuśrūṣu),
keinem, der Mich lästert."
Im Bhāgavata-purāṇa wird die Unterweisung der Bhagavad-gītā fortgesetzt und führt in noch viel tiefere Bereiche.

sein. Doch ist oft genug überhaupt keine Ursache dafür da. Die unverhüllte Kraft der Bhakti mag auch einen erfassen, der ganz und gar nicht vorbereitet ist, der ganz dämonisch oder träge ist. Diese Kraftübermittlung ist also im wesentlichen durch nichts bedingt. Wahre Bhakti ist ohne Kausalursache, ohne warum, "sunder varumbe"[14], und sie ist auch ohne jeden Zweck, das heißt, sie ist für den, der sie erhält, das erstaunliche Wunder. Der Betreffende weiß gar nicht, was ihn antreibt und warum es ihn treibt, warum er gar nicht anders kann, als mit dieser Kraft mitzuarbeiten.

Da erhebt sich die Frage: Greift hier nicht Gott in die Willensfreiheit des Ātmā und des Menschen ein? Beeinflußt Er ihn nicht, ohne daß der Mensch es will? Nein, so ist es nicht. Denn der erste Impuls dieser Bhaktikraft ist zumeist sehr, sehr zart, schmetterlingsleicht. Der Mensch kann sich ihr jeden Augenblick entziehen, er kann sie ausschließen, so wie er elektrischen Strom durch einen Lichtschalter abschalten kann. Willensfreiheit kann sich nicht auswirken, es sei denn, überhaupt alles wird dem Menschen zum Kosten und zum Wählen vorgelegt, es sei denn, daß alle die verschiedenen Wege ihm wirklich geöffnet werden.

Im Lauf seiner Irrfahrten durch Welten der Vergänglichkeit werden dem Ātmā in der Menschenhülle auch immer wieder Gelegenheiten zum Bhaktiyoga gegeben. Die Ṛsis, die Munis, die Mönche, die Śāstras sprechen von diesen Wegen, und der Mensch wird nahe an sie herangebracht, wenn er die seinem Lebensstand entsprechenden Pflichten und die Ordnung seiner jeweiligen Lebensstufe treu befolgt. Immer wieder wird er ganz leise berührt. Doch ist es eine Berührung, der man nur selten folgt, denn sie fordert ein großes Opfer, ein noch größeres Opfer als alle anderen Yogawege. Auch der Bhaktiyoga macht den Ātmā frei. Doch dieses unfaßbare Ereignis, das auf dem Jñānaweg das erstrebte Hauptziel ist, wird auf dem Weg der Bhakti zu einer Begleiterscheinung, zu einer fast nebensächlichen Folge. Viele Male wird betont: Lautere unverhüllte Bhakti, die nicht zu einem Mittel erniedrigt wird, zieht Gott unwiderstehlich an. Bhagavān, der geliebte gestalthafte Gott, der immerdar und überall Seiende, vermag sich nicht länger außerhalb der Reichweite des Bhaktas aufzuhalten, der Ihm zu dienen begehrt. Er offenbart sich, "wie Er ist und wer Er ist, dem Wesen nach"[15], um dem Bhakta Gelegenheit zum unmittelbaren Dienen zu geben.

Schon lange vor diesem wunderbaren Ereignis, das die Bhakti des Gottgeweihten noch mehr entflammt, macht der Adept die erstaunliche Erfahrung, daß das, was die Śāstras – oftmals entgegen aller menschlichen Logik – von Gott und Seinem eigenen Reich und Seinen ewigen Gefährten und Seinen Spielen aussagen, die Wahrheit ist. Er macht auch die Erfahrung, daß diese Darstellung der Śāstras nicht etwa bloß zu einer Erkenntnis hinführen will, sondern daß sie selbst ganz aus Erkenntnis besteht.

Der Adept auf dieser Stufe nimmt wahr, daß weder die Objekte der Außenwelt noch die der seelischen Innenwelt ihm weiter reizvoll erscheinen. Sie verlieren allmählich ihren Glanz und ihre Anziehungskraft. Aber der Adept lehnt sie auch nicht heftig ab, er läßt sich nur nicht länger von ihnen stören.

Die Śāstras, die von Bhakti handeln, geben ausführliche Anordnungen darüber, was der Anfänger zu tun hat, um die ersten Schritte auf dem Wege der Bhakti zu gehen, wie er Gott mit Händen, Füßen, Augen, Ohren, mit seinem Geist, mit jedem Wort, das er spricht, dienen kann. Es handelt sich

---

14 Meister Eckhart

15 Bhagavad-gītā 18, 55

auf dieser Anfangsstufe noch um indirektes Dienen. Es kann sich z. B. darum handeln, den Boden eines Tempels auszufegen, die Tempelglocke sorgsam zu putzen oder auch die einfachsten häuslichen Verrichtungen voll Sorgfalt und Bewußtheit im Gedanken an Bhagavān, das Zentrum alles Seins, zu tun, voll Sehnsucht, Ihm alles zuzuordnen und Ihn damit zu erfreuen.
Worte aus der Bhagavad-gītā, die Gott selbst als Yogalehrer zu seinem Schüler Arjuna spricht und die eigentlich noch der Unterweisung des Karmayoga angehören, geben die Zielrichtung an:

"Was du tust,
was du issest,
was du opferst,
was du hinschenkst,
was du dir versagst
(im Kampf gegen deine Ichsucht),
o Arjuna,
das tu als Opfergabe für Mich."
Bhagavad-gītā 9, 27

Was jedoch auf dem Wege des Karmayoga noch ein anstrengendes Bemühen ist, das wird auf dem Bhaktipfad zur immerwährenden spontanen liebenden Opfergabe.
Die innere Gewißheit des Herzens, daß das Gott-Dienen das einzige Ziel des Lebens ist, das ist die einzige Voraussetzung, die benötigt wird, um den Weg der reinen Bhakti zu gehen.
Hierbei wird vorausgesetzt, daß der Betreffende vom Guru und aus den Śāstras wohl gehört hat, wer der überweltliche Gott ist, wo Er ist und wie Er ist, der von Raum und Zeit Unbegrenzte, der es verschmäht, sich von den Sinnen und dem Verstand erfassen zu lassen. Der Adept hat dadurch erkannt, daß keineswegs sein Leib aus Fleisch und Blut und seine psychische Hülle und auch nicht die Regungen des edelsten Herzens zu Gott hindringen und Ihm dienen und zu Ihm beten können. Er hat erkannt, daß seine Sinne und der "innere Sinn" aus Māyāstoff bestehen und sich nur dem zuwenden können, was ebenfalls aus dem Stoffe der Māyā besteht. Gott aber ist im Sinn der Offenbarung der Śāstras (im Gegensatz zu späteren philosophischen Systemen) in keiner Weise, weder in Seinem Raum und Zeit enthobenen Reich, noch wenn Er sich als Avatāra für kurze Zeit in der Welt offenbart, in irgendeiner noch so feinen Māyāhülle.
Der Adept muß also ausführlich und aus guter Quelle gehört und verstanden haben, was die Śāstras von Gott, Seinem Reich, Seinen Spielen und Seinen ewig Beigesellten sagen, und er muß die Schwierigkeiten erkennen, wie er, der konkrete Mensch, dem außer den Māyāhüllen nichts zur Verfügung steht, der weder Cit-Kraft noch Cit-Organe besitzt, dennoch Gott dienen soll.
Das Einzigartige dieser Bhakti liegt nun darin, daß sie vom ersten Anfang und allmählich immer klarer und stärker werdend, nicht bloß ein Dienen- und Liebenwollen ist, sondern sie gibt auch die Kraft zu erfahren, wer Gott ist. Der Adept braucht also nicht Schritt für Schritt zu lernen, wie man zuerst einen Teil der Objekte seiner eigenen Genüsse und später sie alle und schließlich sein ganzes Tun Gott zum Opfer bringt (yajña) und zu lernen, wie der festgeschlossene Herzensknoten durch Entsagung (vairāgya) und

allmähliche Ausleerung des Citta und der Vāsanās und schließlich durch Wissen und Erkenntnis vom Ātmā zu durchschneiden ist, sondern die Kraft des Dienen-Wollens besorgt das gradweise ganz nebenbei, wenn der Mensch bereit ist, sich von dieser Kraft des Dienen-Wollens erfassen und leiten zu lassen.

Während die Bemühungen des Karmayoga und des Jñānayoga auf ein Ziel ausgerichtet waren und die Bemühungen mit der Erreichung des Ziels ganz von selbst abbrechen, hat das Gott-Dienen auf dem Bhaktiweg keineswegs ein solches Ziel, sondern das Dienen selbst ist der Weg und das Ziel. Das Ziel, wenn man es so sagen will, ist nur Steigerung, Intensivierung des Dienens.

Während beim Jñānayoga die Freiheit des Ātmā von Irrtum und der Bindung und das Sich-selbst-Erleben des Ātmā als Sein, Erkenntnis und Glück und sein ewiges Wohl der Ansporn ist, so ist der Ansporn beim Bhakti-yoga einzig das Glück, das im Dienen liegt.

Der Mensch, der keinen Yogaweg geht, erlebt in der Welt der Zeit und des Raums die stofflichen veränderlichen Dinge als Wohl seiner Sinne nur so lange, als er unwissend den Sinnesobjekten Reize zuschreibt, die sie gar nicht haben. Er genießt also das Wohl des Auskostens und des Ausbeutens der Welt.

Der Mensch als Jñānī ist zur Welt negativ eingestellt. Er sucht die Befreiung von der Qual des die Welt Erleben-Müssens. Im Freisein von der Welt und der Gewißheit der unverlierbaren Verbindung und Einheit seines Ātmā mit dem gestaltlosen Brahman sucht er sein Glück.

Der Mensch als Bhakta erlebt die Dinge dieser Welt als Material, das er verwenden kann, um Gott (anfangs noch indirekt) zu dienen, und er genießt das Glück des Dienens.

Das Glück des Dienendürfens eines wirklichen Gottgeweihten ist so groß und der Willen zum Dienen so stark, daß der Mensch als Bhakta gar keine Zeit, keine Muße, kein Interesse an sich selbst mehr hat, daß er gar nicht besonders über sich reflektiert: Der Ātmā in mir ist unwissend usw. usw.

Dieses Dienen-Wollen hat nur eine Aufgabe: Es will Gott erfreuen. Und da der Bhakta gehört hat, daß die Bhaktikraft Gottes eigene Kraft ist, hat er die Gewißheit, daß diese Kraft des Gott-Dienens auch wirklich zu Ihm hindringt. Worin nun das Dienen besteht, teilt ihm das Bhakti-Śāstra in allen Einzelheiten mit. Sein Dienen ist im Beginn vor allem die Kraft des rechten Hinhörens und des rechten Verstehens und Ernstnehmens des Gehörten. Der Adept ersehnt, sich immer mehr von dieser Kraft erfüllen zu lassen.

Während nun aber einer, der von etwas "besessen" ist, ganz unter der Gewalt dieser Kraft steht, die ihn besessen macht, und ganz und gar gegen seinen freien Willen, also zwangsläufig, handelt, steigert die Bhaktikraft den freien Willen. Das heißt, seine Vernunft (buddhi) wird frei von der zwingenden Kraft der Vāsanās und der Lust, sie wird sogar frei von einem bloß negativen Streben nach Befreiung des Ātmā. Sie wird befähigt, drei Reiche klar zu erkennen:

das Reich der Māyā,

das Reich der Mukti, das Reich des gestaltlosen eigenschaftslosen Brahman, und

das von Zeit und Raum unbegrenzte Reich des gestalthaften Gottes, das Vaikuṇṭha genannt wird.

Die Buddhi des Adepten wird frei von der Lustbindung, frei von der Haltung: Ich will keine Lust und ich will auch nicht dienen, er wird frei von

jedem Streben nach den Genüssen der Welt und auch frei von jedem Fortstreben von dem Leid der Welt. Nur eine leidenschaftsfreie objektive Erkenntnis der Wirklichkeit, der relativen wie der absoluten Wirklichkeit, macht überhaupt eine tatsächliche Willensfreiheit möglich. Solange die Buddhi unter dem Einfluß eines Bejahens oder Ablehnens der Māyā-Welt steht, vermag sie nicht objektiv zu entscheiden.
Während der Unwissende die Welt bejaht und sie trotz aller ihrer Mängel liebt, verneint sie der Ātmā-Wisser, sie ist ihm ein Überdruß, sie ekelt ihn an, solange er sie noch wahrnimmt.
Der Unwissende beutet die Welt der Māyā physisch und geistig zu seiner Lust aus; der Jñānī stößt sie als Verführerin von sich; beide vermögen nicht zu erkennen, was sie wesentlich, das heißt, vom Standpunkt Gottes her, ist. Der Bhakta aber hat die Kraft des Dienenwollens, die Kraft der reinen Erkenntnis erhalten, denn Bhakti ist Erkenntniskraft. Mit dieser Kraft erkennt er, daß die Welt nicht Selbstzweck ist, aber auch nicht bloß ein feindlicher Vorhang, sondern daß sie erlöst, ganz durchsichtig werden kann, in dem Grade wie sie als Ganzes und mit allen ihren Teilen in das Gott-Dienen eingeordnet wird und ein Mittel wird, um Gott zu dienen.
Das heißt aber nicht etwa, daß der Mensch und seine Beziehung zum Mitmenschen und alles, was sich als physisches und seelisches Wirken in der Welt abspielt, nun geheiligt würde und daß alles so bliebe, wie es ist, nur mit einem Schein der Weihe versehen, also harmonischer, edler gemacht würde. Für den Bhakta kann es keine Selbstbefriedigung geben, auch wenn sie noch so fein und lauter wäre; eine ästhetische, geheiligte Māyā-Welt wäre genauso Māyā-Welt wie die von brutaler Sinnenlust beschmutzte Welt. Bhakti lehrt jedoch, daß die Welt nur so lange gefährlich und bindend ist, als der Mensch sie bewertet und mißt, mit dem Maßstab: was steigert meine Lust und was stört sie.
Während der Niṣkāma-Karmayogī die Welt als Eigentum Viṣṇus betrachtet und sich als bloßer Verwalter weiß, der auf die Welt kein Anrecht hat, ist sie für den Bhakta "Material", das er zu Seinem Dienste verwendet, um Ihn zu erfreuen, nun nicht mehr bloß um Viṣṇu zu erfreuen, denjenigen Teilaspekt Gottes, von dem die Entfaltung des Kosmos ausgeht, sondern um Gott in Seiner ganzen Fülle zu erfreuen, den Urgott, der in Seinem grenzenlosen ewigen Reiche ist und der die Entfaltung und Behütung und Auflösung der Universen Seinen Teilaspekten überließ.
Solange der Mensch auf der ersten Stufe der Bhakti ist, muß er sich noch als Glied der menschlichen Gesellschaft und des Universums wissen. Doch ist es nicht mehr die Ausübung der Pflichten als dieser oder jener Mensch, deren Ausübung ihm nun zusteht; sondern ganz gleich, wer er ist, unabhängig von seinem Lebensstand, seiner Kaste und seinem Geschlecht, kann er Gott dienen; und obwohl er noch immer anscheinend zu einer bestimmten Kaste usw. gehört, ist er doch außerhalb der Pflichten dieser Gesellschaftsordnung. Er ist ein Mensch, der sich als Diener Gottes weiß und nichts kennt, was er als Objekt der Ausbeutung für seine Lust oder als Objekt der bloßen Verneinung betrachten könnte. Das einzige, was ihn mit Widerwillen erfüllt, ist die Verwendung irgendeiner Sache, eines Organs, einer Funktion für etwas anderes als das Gott-Dienen.
Es ist nicht Lust, die nun in ihm wirkt, sondern es ist Bhakti, die atmet, ißt, geht, steht, badet, arbeitet und denkt. Ein wahrer Bhakta ißt, atmet, badet usw. also nicht um seinetwillen, sondern um Gott zu erfreuen – schon sein Essen ist Gottesdienst.

Da er Gott erfreuen will, eben an dem Platze, an dem er sich befindet, und es ihm einzig auf Gottes Freude ankommt, ist es ihm belanglos, ob er in der irdischen Welt, in irgendeinem Himmel der Devas, in der Unterwelt oder in Gottes eigenem Reiche ist. Da hier, in der vergänglichen Welt der Zeit und des Raums, sein Dienen oft genug unterbrochen wird, sehnt er sich zwar danach, in Gottes Reiche ununterbrochen dienen zu dürfen, doch überläßt er die Entscheidung darüber freudig Gott und ist an jedem Ort zufrieden, wenn er nur überhaupt dienen und mit anderen Bhaktas zusammensein darf.
Es ist nicht so, daß er, der vom Reiche Gottes, von Gott, Seiner ewigen Gestalt, Seinem Wesen hörte, in ihnen nun besondere Reize entdeckte, die ihn anziehen und es ihm verlockend machen, in deren Nähe zu kommen und sie zu schauen. Das wäre ja eben "Māyā", ein Eintauschen der niederen Objekte des Genusses gegen höhere und höchste Dinge des Genusses, es wäre Selbstsucht und das Gegenteil von Bhakti – nein, zuerst hat er etwas von der Bhaktikraft, der Kraft des Dienens; Dienenwollen gibt ihm Erkenntnis vom Wesen Gottes, und diese Bhakti-Erkenntnis macht nicht das Gottschauen reizvoll, sondern das Dienen.
Die Bhaktikraft, die überall vorhanden ist, wird offenbar durch den vollendeten Bhakta, den wahrhaft Seienden, dessen Worte nicht nur von Gott berichten und Erkenntnis vom Gott-Dienen und von Gott vermitteln, sondern die Erkenntnis selber sind.

Im Bhāgavata-purāṇa spricht Gott:
"Im Zusammensein mit den Seienden
und wenn man diesen Bhaktas dient,
entwickeln sich Gespräche,
die herzerfreuend sind für Herz und Ohr,
weil sie Dienekraft schenken.
Da werden von diesen Bhaktas Worte gesprochen,
die Erkenntnis sind und Erkenntnis geben
von Meiner inneren Macht und Meinem Wesen.
Und so wächst nacheinander
gläubiges Vertrauen (śraddhā),
unerschütterliches Gegründetsein in Mir (niṣṭhā),
Morgenrot der göttlichen Liebe (rati)
und die voll aufgegangene Sonne der Gottesliebe (prema-bhakti)."

Bhāgavata-purāṇa III, 25, 25

Der Guru erklärt:
"Es ist die Gnade der Gottgeweihten, daß aus ihren Herzen und Mündern die aus Sein, Erkenntnis und Glück bestehenden Worte strömen, die durch das Ohr in das Herz, in den Ātmā jenes Menschen dringen, der sich nach wahrem Dienendürfen sehnt."
Der innere Lenker ist immer in der Nähe des Ātmā. Er war unsichtbar, weil der Ātmā gottabgewandt und durch Māyā verhüllt war. Und auch wenn der Ātmā nicht mehr verhüllt ist, so verbleibt der innere Lenker doch unsichtbar, solange Er nicht gesehen werden will. Das Sich-Offenbaren ist ein Gnadenakt des inneren Lenkers. Dieser ist ein Teilaspekt des Urgottes.
In Bhaktitexten heißt es: Wenn der Urgott selbst in Seiner ganzen Fülle sich offenbart, dann erfolgt diese Offenbarung nicht mehr innen im Herzen, sondern "außen". Er offenbart sich dann vor allem in Gestalt von fünf Dingen:

als Gottes eigene Bildgestalt (mūrti),
als die Offenbarungsurkunde Bhāgavatam (Bhāgavata-purāṇa), die Gottes Wortgestalt[16] genannt wird,
als Gottes eigener ewiger Begleiter,
als Gottes Name,
als Gottes ewiges Reich, das sich im "Niedersteigen" Gottes, in Gottes Spiel, sogar zuweilen auf Erden sichtbar macht (z. B. in der Landschaft Vraja).

Auf diese fünf Offenbarungen Gottes konzentriert sich also das Dienen des Bhaktas vorzugsweise. Das heißt, sein Dienen besteht nun nicht mehr darin, daß er physische und psychische Māyāfunktionen darbringt wie im Karmayoga, sondern daß er, von Bhaktikraft durchdrungen, mit Händen, Füßen, Sinnen, seinem Denken und seinem Besitz der Bildgestalt Gottes, dem Bhāgavatam, Gottes ewigen Begleitern, Gottes Namen, Gottes Reiche dient. Alle diese fünf sind gemäß den Urkunden in ihrem wirklichen Wesen voll und ganz von Raum und Zeit unbegrenzte Offenbarungsweisen des Urgottes selbst; doch scheinen sie dem, der keine Bhakti-Erkenntnis hat, ein bloßes Bildwerk, ein Buch, ein Mensch, ein Wort und ein geographischer Distrikt in Indien zu sein.
Solange der Bhakta noch auf der ersten Stufe ist, das heißt, sein Dienen noch nicht so stark ist, daß dieses Dienen, das Erkenntniskraft selbst ist, das wahre Wesen dieser fünf "Dinge" erkennt, glaubt er, daß es so ist. Und da diese fünf Dinge ja in Wirklichkeit transzendente Dinge – das heißt Sein-Erkenntnis-Glück – sind, voll und ganz identisch mit dem Urgott, geht von der dienenden Verbindung mit ihnen eine unerhörte Kraft aus; ja es sind eben diese fünf Dinge, die als Cit von sich her die Initiative ergreifen und sich der liebenden Erkenntnis als das erschließen, was sie sind, d. h. daß sie sich offenbaren.
In dem Grade des Dienens, das sich beim Dienen dieser fünf in besonderer Weise steigert, wird Dienen zum Erkennen und zur dienenden erkennenden Liebe. Diese Kraft ist so stark, daß sie alle Vāsanās, die Gesamtheit aller Eindrücke aus vergangenen Leben (karmāśaya), den falschen Ichbegriff oder Knoten des Herzens (der von lustbetontem Handeln und Denken immer stärker gebunden wird) ganz nebenbei verbrennt, wodurch der Bhakta ganz und gar von den Hüllen frei wird, frei von den Folgen des Karma, sogar frei von dem Karma, das sich in Gestalt der gegenwärtigen Hüllen bereits auszuwirken begann. Doch wer ist der "Bhakta"? –- Ist es der Mensch, der von Bhakti berührt wurde, oder sein Ātmā?
Im Gegensatz zu dem introspektiven Jñānī, der immer mit Selbstbeobachtung und Analyse befaßt ist, der also den "Menschen", die physischen und psychischen Hüllen und das falsche Ich, bewußt vom Ātmā abtrennen will, ist die Aufmerksamkeit des Menschen ganz auf das Dienen gerichtet, daß es vollkommen sei, im Einklang mit den Śāstras, ohne Vergehen, welche die Bhaktikraft schwächen, ja, sie ganz ausschalten können.
Die Ganzheit des Menschen, der ein Bhakta wurde durch die Berührung der Bhaktikraft, wird also subjektiv, d. h. sowie er es erlebt, in keiner Weise gestört. Das einzige, was ihm und anderen bemerkbar ist, besteht darin, daß er alles, was er tut, nur insofern tut, als es hilfreich ist für sein Dienen, das Dienen der Bildgestalt Gottes (mūrti), dem Bhāgavatam, den Bhaktas, dem

16 Padma-purāṇa

göttlichen Namen und dem heiligen Reiche (Vraja) und daß er alles andere, was nicht unmittelbar diesem Dienen hilfreich ist, ausscheidet.
Dieses Dienen ist also keine allgemeine mystische unklare Lebens- oder Geisteshaltung, in der der Mensch sich einbilden und sich und andere täuschen könnte, daß sein eigenes Essen, Schlafen, Trinken, Sprechen, den Darm entleeren und den sexuellen Akt physisch oder geistig zu begehen, etwa eine Form sein könne, in der sein Gott-Dienen sich ausdrücke, etwa "Gott" erleben im Dichten, Träumen usw. Wahres Dienen auf dieser Stufe ist ganz klar und konkret ein Gebrauch seiner Sinne, seines Leibes, seines Geistes, dessen, was man besitzt usw. einzig und allein um der Mūrti, dem Bhāgavatam, den Bhaktas, dem Gottesnamen und dem heiligen Reiche zu dienen. Dort, wo aus den Eindrücken früherer Leben (vāsanā) Impulse emporsteigen und ihn Dinge tun, fühlen, denken lassen, die nicht dem Dienen dieser fünf unmittelbar hilfreich sind, ist er kein Bhakta, dort handelt nicht die Bhaktikraft, sondern die Lust des bloßen Māyāmenschen. Und dem Menschen, der ein Bhakta ist und ein noch besserer Bhakta sein will, fallen solche Abirrungen klar auf, denn beim Dienen auf dieser Stufe muß er sich immer an die genau dargestellten Regeln halten, welche die Śāstras für das Dienen geben. Er muß sich nicht selbst introspektiv überprüfen, sondern die Art und Weise seines Dienens muß er wachsam überprüfen. Wenn solche Abirrungen geschehen, peinigt er sich aber nicht verzweifelt in Selbstvorwürfen, sondern er folgt dem, was die Śāstras in diesem Falle anraten. Er nimmt sich vor, fortab besser zu dienen, und das ist nur möglich, indem er noch eifriger zuhört, wenn die Gottesworte und die "Wortform" von Gottes Selbstentfaltung, Gottes Spiel (līlā), Gottes Wesen vom wahren Bhakta ausgesprochen werden. Er singt nun noch mehr die Namen Gottes usw., denn je mehr er opfert und dient, desto mehr steigert sich die Kraft des Dienens und Erkennens, und um so mehr verschwinden die Abirrungen, die aus den Vāsanās seines Citta stammen.
Die Kraft der Bhakti verwendet derart den ganzen Menschen. Es besteht also hier keine Gefahr, daß dem Ich des konkreten Menschen zugemutet wird, sich vom wahren Ich, d. h. dem Ātmā, zu isolieren, oder daß das wahre Ich, der Ātmā, vom Ich des konkreten Menschen mühselig zu trennen ist. Ohne Bhakti stehen sich der Cit-Ātmā, das wahre Ich und das Ich des Menschen, das Māyā-Ich, gegenüber, zusammengehalten durch die Klammer der Unwissenheit. In der Bhakti aber arbeiten das Cit-Ātmā-Ich und das Māyā-Ich des Menschen gemeinsam in gleicher Richtung, denn der innere Sinn (antaḥkaraṇa) und die Sinne des Menschen werden, obwohl sie Stoff sind, von der Bhaktikraft (bhakti-śakti) ganz durchglüht wie Eisen vom Feuer. Der aus Māyā bestehende innere Sinn, der etwas, was Cit ist, überhaupt nicht denken und sich vorstellen kann, nicht einmal den Funken aus Sad-Cid-Ānanda, den individuellen Ātmā, geschweige denn Viṣṇu oder andere Aspekte Gottes oder gar den Urgott, wird durch die aus Cit bestehende Bhakti-Śakti befähigt, zu überlegen, gedanklich zu erfassen, was Gott ist und was unmittelbar zu Gott gehört. Ja, auf einer höheren Stufe vermögen die Augen, durchdrungen von dieser Cit-Śakti, Gott sogar zu sehen; denn nicht nur gibt ganz starke Cit-Bhakti-Śakti die Fähigkeit, Gott zu sehen, sondern in der Form von Prema erfreut diese Cit-Śakti Gott so stark, daß sie Ihn anzieht und Ihn gleichsam zwingt, offenbar zu werden.
Es ist nicht der Mensch, der Ihn sieht, sondern die Bhakti-Śakti, Gottes eigene Sehkraft; es ist also ein Kräftespiel, das von Ihm ausgeht, durch den großen Bhakta hindurch und wieder als Prema-Bhakti zu Ihm zurückstrahlt;

d. h. Gott erlebt immer nur Seine eigene Kraft und nichts außer sich selbst, nicht etwa Māyākraft.
Obgleich es also die Bhaktikraft ist, die im Bhakta denkt, handelt, atmet usw., so überrumpelt sie aber den Menschen nicht, sondern sie läßt ihm den Eindruck, daß er es selbst tue, da sonst das, worauf es gerade ankommt, die freudige Initiative des Dienenwollens erstickt werden würde. Auch hier zerstört Gott die Würde der Freiheit nicht, sondern steigert sie.
Im Verlauf der Ausübung der noch indirekten Form des Dienens verschwinden ganz nebenbei die Asat-Vāsanās, die Zerstreutheit des unsteten Manas, das immer neuen groben oder feinen Objekten zustrebt, die reizvoll und lustbetont sind, die Buddhi erkennt die Wirklichkeit, wie sie objektiv ist, und ganz von selbst entschwindet die Unwissenheit und das falsche Ich, das aus Unwissenheit, aus Gottabgewandtheit, aus der Sucht zu genießen stammt. Mit dem Dienenwollen und dem tatsächlichen Dienen in lebendiger Gottzugewandtheit verschwindet die Unwissenheit ganz von selbst.
Hätte der gottgeweihte Mensch, der in der Lebendigkeit des Dienens ganz außer acht läßt, was sich in ihm selbst vollzieht, die Muße, sich zu analysieren, dann würde er erkennen, daß sein Ātmā zu sich selbst erwacht ist und sich auf dieser Stufe mit dem von Bhakti-Śakti ganz und gar durchglühten Ich und Citta des Menschen identifiziert.
Damit müßte sich der Gottgeweihte eigentlich als Cit-Gestalt wissen, doch er sieht die Stofflichkeit, Trägheit und Krankheit seines Leibes und die Müdigkeit seines Geistes. Sind diese wirklich von Cit-Kraft durchglüht? Sie sind eben keineswegs selber Cit geworden, denn Eisen wird nicht Feuer, auch wenn sich ihm die Glut mitteilt; es bleibt Eisen, freilich durchglüht.
Der Gottgeweihte nimmt wahr, daß, dem Verlauf des Karmagesetzes entsprechend wie bei anderen Menschen, auch sein Leib dem Alter und dem Tod und sein Geist. der ständigen Veränderung ausgesetzt ist – und sobald sein Dienenwollen erlahmt, macht sich die Feuerkraft weniger geltend, und er fühlt sich als der erbärmliche Mensch, behaftet mit dem "Knoten des Herzens" und dem falschen Ich.
Das muß so sein, denn:
1) Das "Eisen" wird zwar vom Feuer benutzt, aber nur solange, als das "Eisen" benötigt wird, dann verläßt das Feuer das Eisen, und die Hüllen gehen ihren irdischen Weg.
2) Die Bhakti ist noch immer nicht in der Stärke des Prema. Der Gottgeweihte muß sich noch immer von den Höhen in die Tiefen gerissen fühlen, damit – gegen alle Widerstände – das liebende Dienen in ihm noch mehr erstarke.
Das, was an ihm Mensch war, ist schon überflüssig, doch der Bhakta ist nicht daran interessiert, daß der Ātmā in ihm die Hüllen verlasse, er ist am Dienen interessiert. Nun sind es nicht nur die fünf großen transzendenten Dinge, denen er in liebendem Erkennen dient, sondern sein von Cit-Śakti geleitetes Manas vergegenwärtigt sich die in den Śāstras geschilderten Spiele Gottes mit denen, die Ihm ewiglich dienen.
Durch diese ständige Erinnerung wird seine Bhakti noch stärker, und der Bhakta in der Welt hat nun folgende Kennzeichen:
Nichts, nicht einmal der drohende Tod kann ihn stören; außer seinem Dienen interessiert ihn überhaupt nichts. Er hat keinen Augenblick freie Zeit für irgend etwas, was nicht Dienen wäre oder dem Dienen förderlich wäre. Er hat die feste Gewißheit, daß er sein Ziel des ununterbrochenen Dienen-Dürfens einmal erreichen werde. Er lauert auf jede Gelegenheit,

sein Dienen zu steigern, zu erweitern. Doch er weiß, daß die Tiefen der Bhakti unergründlich sind und daß Bhakti sich ins Unendliche steigern kann und daß er noch ganz am Anfang steht. Hören und Singen des göttlichen Namens sind nun seine einzige Freude, und sein Sinnen weilt immerdar an den Orten des göttlichen Spiels.

Und weiter steigert sich die erkennende göttliche Liebe des Bhaktas. Er weiß, er gehört zu Gott und Gott zu ihm. Er weiß, daß sein wahres Ich keineswegs der Mensch ist.

Wenn der Prema so stark geworden ist, daß es untragbar wird, nicht ununterbrochen dienen zu dürfen, dann verläßt der Ātmā die grobstoffliche und feinstoffliche Hülle des Menschen; und mit dem Ātmā verläßt auch die Cit-Bhakti-Śakti die menschlichen Hüllen. Diese Hüllen bleiben tot zurück. Sie sind bloß Stoff, doch edler Stoff, denn sie wurden zum Dienen verwendet. Und der Ātmā erhält nun für alle Ewigkeit die ihm vorher offenbarte Cit-Gestalt, er erhält nicht etwa ihm wesensfremde Hüllen, sondern er, der selber Cit ist, erhält aus Cit bestehende Hüllen und äußere und innere Sinne usw., die mit dem Ātmā eine Einheit gleichen Wesens sind und nichts Fremdes, denn sie sind ja Cit, genauso wie der Ātmā.

Als diese Cit-Gestalt dient der Ātmā nun in ewiger Liebe Gott in seinem ewigen Reich.

Schon vor dem Tode, d. h. vor dem Eingehen in das ewige Entfaltungsspiel, die Līlā Gottes, war dem Ātmā hie und da Gott und Sein Spiel aufgeleuchtet. Das ist der Turīya-Zustand des Bhaktas, grundsätzlich verschieden vom Turīya-Zustand des Jñānīs. Doch ist jener Bhakti-Turīya-Zustand nur sehr selten bei denen zu finden, die nach langen wiederholten Leben, erfüllt vom Streben nach Dienen und immer höherem Dienen, doch noch immer Menschen sind und noch keinen Cit-Leib haben.

Direktes Gott-Erleben, das heißt unmittelbares Gott-Dienen, verwirklichte Prema-Bhakti, ist im Wachzustand unmöglich, solange noch die Hüllen des Menschen da sind. Denn wenn auch das Eisen durchglüht wurde, so ist es noch immer Eisen und kann keineswegs das Reich des Ewigen betreten und an dessen Spielen teilnehmen. Im Turīya-Zustand aber ist es möglich, denn da ist der Ātmā ja vom "Eisen" isoliert, der Zeit- und Raumwelt enthoben.

Der Ātmā in einem Menschen, der von der Bhakti-Śakti berührt wurde, erreicht kaum in einem Menschenleben das Ziel, das unmittelbare Gott-Dienen in einer Cit-Gestalt. Doch so wie es Asat-Vāsanās und Sat-Vāsanās gibt, so gibt es auch Vāsanās, die jenseits der Guṇas der Māyā sind. Sie heißen Bhakti-Vāsanās. Das heißt, aus Eindrücken, die aus dem Dienen auf der ersten Stufe der Bhakti stammen (sādhana-bhakti), entstehen im Citta Impulse zum Dienen, und zwar zum Dienen in einer ganz bestimmten Weise. Diese Bhakti-Vāsanās sind ein kostbares Gut, und sie sind es, die bestimmen, daß dieser Mensch von neuem als Mensch geboren wird und der Ātmā dadurch neue Gelegenheit zu noch besserem Gott-Dienen erhält.

Von Leben zu Leben steigern sich die Bhakti-Vāsanās mit immer gesteigertem Dienenwollen. Im Verlauf verschiedener Lebensläufe spielt sich folgendes ab:

1) Durch die Bhaktikraft werden alle Mängel, d. h. alles, was dem Dienenwollen und Dienenkönnen im Wege steht, vernichtet, einschließlich des falschen Ichgefühls und aller Asat-Vāsanās und Sat-Vāsanās.

2) Der innere Sinn, das ganze Antaḥkaraṇa wird helleuchtend, das Citta ist nicht nur ganz lauter geworden, sondern es leuchten in ihm die Cit-Vāsanās voll Begehren nach immerwährendem Dienen.

3) Tiefste Zuneigung ist dem Bhāgavatam und allem, was es von Gott aussagt, zugewendet.
4) Die Gesellschaft, in der man sich wohl fühlt, ist einzig die Gemeinschaft mit denen, die aufrichtig Bhakti (liebevollen Dienst) tun.
5) Das Glück, das im Dienst zu den Lotosfüßen Bhagavāns besteht, ist nun der einzige Sinn des Lebens.
6) Durch die Kraft des Gottes-Namen, durch die Kraft des Gott-Dienen, wird einem die eigene Cit-Gestalt offenbart.
7) Dann wird die Bhakti im Turīya-Zustand in Form von Prema-Bhakti im direkten Dienen verwirklicht.
8) Und die Bhakti wird noch besonders stark entflammt, wenn im Verlauf des Gott-Dienens in Prema-Bhakti Gott und Seine ewigen Spiele (līlā) durch die erkennende Kraft des Dienens erlebt werden. Physische Veränderungen, die dabei im Leibe auftreten, sind Anzeichen dafür, daß bestimmte außerordentliche Dinge in besonderen Līlā-Situationen im Verlauf des spontanen liebenden Dienens erlebt wurden.

Wenn in einer besonderen Szene der Līlā das im Dienen von Prema überwältigte Citta sich ganz dem Strom des Lebens (prāṇa) überläßt und die Überlegungs- und Urteilskraft (buddhi) ausgeschaltet ist, dann wird der Puls des Lebens, der den Leib durchdringt, stark gestört, und dann setzen diese verschiedenen physischen Veränderungen ein: Erstarren des Leibs, Schweiß, Farbwechsel, Haaresträuben, Zittern, Brechen der Stimme, Tränen, Ohnmacht. In den Werken der sogenannten Līlā-Literatur werden diese Zustände, Sāttvika-Bhāvas genannt, genau geschildert, und es wird dargelegt, wie man sie von äußerlich ähnlichen Zuständen, die bloßer Sentimentalität usw. entspringen, unterscheiden kann. (Vgl. Bhakti-Rasāmṛta-Sindhu II, 3, 15.)

Entsprechend der Seltenheit des Turīya-Zustandes bei Bhaktas, die noch einen menschlichen Leib haben, treten bei solchen Bhaktas diese physischen Veränderungen nur sehr selten auf. Überaus häufig aber finden sie sich bei den Mitspielern der ewigen Līlā Gottes und bei Bhaktas, die im Verlauf ihres Dienens selber zu ewigen Mitspielern wurden und gleich Menschen auf Erden wandeln.

Wichtig ist, solange ein Bhakta noch in der menschlichen Hülle ist und keine Cit-Gestalt erhalten hat – die mit seinem menschlichen Charakter und Aussehen usw. nicht das geringste zu tun hat –, erlebt der Bhakta, abgesehen von dem seltenen Turīya-Zustand (wo die Bhakti-Śakti den Ātmā verwendet und nicht den Leib), zwar das Glück des Dienens, aber keineswegs das Reich der göttlichen Līlā in deren gestalthaftem Leben.

Also können Gott, Seine Herrlichkeit oder (in anderer Offenbarung) Seine unfaßbare Lieblichkeit, Seine Spiele, Seine Ewig-Beigesellten, nur von denen treu beschrieben werden, die keine menschlichen Hüllen und kein menschliches Bewußtsein und Unterbewußtsein mehr haben. Erst wenn das alles restlos verbrannt ist – das Citta, die Asat-Vāsanās und die Sat-Vāsanās, das Manas, die Buddhi, der Ahaṅkāra und damit die Ursache von allem, der aus Unwissenheit stammende falsche Ichbegriff –, erst dann setzt wahres Gotterleben ein; vorher kann überhaupt nicht beschrieben werden, wer Gott ist, denn Er ist ja noch gar nicht im Verlauf des Dienens erlebt worden.

So wie Schatten und Dunkelheit das Gegenteil von Licht sind, so ist die Māyāgestalt und die Māyā-Welt das (gleichsam auf dem Kopf stehende) pervertierte Schattenbild der Cit-Gestalt und der Cit-Welt.

In der Māyā-Welt:	In der Cit-Welt:
Ausbeuten wollen,	Dienen wollen,
Irrtum,	objektive Wirklichkeitserkenntnis
Hülle,	Wesen,
gesetzversklavte Veränderlichkeit und Vergänglichkeit in Raum und Zeit.	freie Ewigkeit.
Geiziges Anklammern an sich selbst und den Dingen.	Freudiges, rückhaltloses Sich-im-Dienen-Verschwenden.

Und zwischen beiden der Mensch, der sein Opfer (yajña) tut, vom ersten Schritt des Karmayoga bis zum letzten Schritt des Bhakta, der schon selbst völlig zur Opfergabe (yajña) wurde.

4
Die Offenbarung des WORTES

Die Quellen

In diesem Buch wurde, bis auf wenige Ausnahmen, darauf verzichtet, Erscheinungen aus der Geisteswelt des Hinduismus mit scheinbar oder wirklich ähnlichen in anderen Kulturkreisen, wie z. B. unserem eigenen, zu vergleichen. Solche Vergleiche führen, so reizvoll sie auch sein mögen, meistens irre; besonders wenn man nicht die Möglichkeit hat, auf die vielen Einzelheiten einzugehen, anhand deren sich die wirklichen Übereinstimmungen und Unterschiede erst erhellen lassen. Ebenso wurde auf alle historische Perspektive und Erörterung chronologischer Fragen verzichtet. Der mehrtausendjährige Hinduismus wurde nicht in der Form einer von außen betrachtbaren Entwicklung, sondern von innen her geschildert.
Noch mehr als die anderen großen Religionen ist der Hinduismus mit seiner fast unübersehbaren heiligen Literatur und vielerlei Traditionsfolgen in verschiedene Meinungen zerklüftet, in einander widersprechende philosophische Systeme zerteilt, und jede scheinbar objektive Überschau würde bloß ein verwaschenes Bild geben. Und doch kann man von einer Einheit in der Vielschichtigkeit sprechen. Die umgreifende Einheit des Hinduismus besteht darin, daß sich alle die verschiedenen Systeme auf die Wortoffenbarung des Veda berufen, aber nicht in einer gemeinsamen Lehrauffassung, aus der sich ein alle verpflichtendes Dogma ableiten ließe.
Die Fülle dieser hintergründigen Religion läßt sich aber selbst dann, wenn man bereit ist, zugunsten einer strukturellen Darstellung auf den Zeitaspekt zu verzichten, auch von innen her nicht ganz im allgemeinen beschreiben.
Die einzige Art, dem Thema gerecht zu werden, den Sinn und die Ziele des menschlichen Lebens gemäß dem Hinduismus darzustellen, sah ich darin, das ganze Panorama von einem Blickpunkt zu betrachten, der mir vertraut war – von der Sicht jener uralten Traditionsfolge, die ich in vielen Lehrjahren in Indien näher kennenlernen durfte.[17] Wie in den anderen indischen Traditionsfolgen, deren Namensreihen von Gurus die Texte erfüllen, gehören auch in dieser der Ṛgveda, Yajurveda, Sāmaveda, Atharvaveda, die Upaniṣaden, die Bhagavad-gītā, die beiden grossen altindischen Epen, die Purāṇas, die Brahma-Sūtras selbstverständlich zum Geistesgut der Tradition. Die zentrale Offenbarungsurkunde der Überlieferungsfolge, der ich nähertreten durfte, ist jedoch das zwölf Bücher und achtzehntausend Strophen umfassende Bhāgavata Purāṇa (Bhāgavatam), das in anderen indischen heiligen Texten als Essenz des Veda gepriesen wird. Im Garuḍa-Purāṇa z. B. heißt es:

"Das Bhāgavata-purāṇa ist das beste unter den Purāṇas. Das Bhāgavatam wurde von Bhagavān (Gott) selbst ausgesprochen... Er ist der Sinn und die Erklärung der Brahma-Sūtras, die Aufhellung des Sinnes des Mahābhārata, die Erläuterung des Gāyatrī-Mantra. Es enthält den Sinn und die Erklärung der Veden."

---

[17] Vgl. meine Bücher Bhakta, eine indische Odyssee, Hamburg 1951, erweiterte schwedische Neuauflage Den glömda världen, Stockholm 1972, englische Ausgabe Unknown India, London 1952, New York 1953. Die indische Gottesliebe, Olten 1955, schwedische Ausgabe Kṛṣṇas leende, Stockholm 1955. Der Glaube und die heiligen Schriften der Inder, Olten 1957. Kṛṣṇa-Caitanya. Sein Leben und Seine Lehre, Stockholm 1972. Englisch-amerikanische Ausgabe in Vorbereitung.

Ähnlich sagt das Padma-purāṇa:

"Das Bhāgavatam ist die lautere Essenz der Veden und Upaniṣaden."

Des weiteren heißt es im selben Padma-purāṇa:

"Bhagavān legte die Fülle seiner eigenen göttlichen Macht in das Bhāgavatam hinein. Er machte sich selbst unsichtbar und trat in das Meer des Bhāgavatam ein. Daher ist das Bhāgavatam die Wortgestalt Gottes."

In diesem Sinne sagte der Guru meines eigenen Gurus, Bhakti-Siddhānta Sarasvatī (1874-1937): "Wenn die Veden und die Upaniṣaden und die Bhagavad-gītā und alles andere altindische Schrifttum verloren gegangen wären und nur das Bhāgavatam wäre bewahrt geblieben, so wäre in Wirklichkeit nichts verloren – abgesehen von den Lehren der altindischen Atheisten –, denn alles übrige ist in seiner Essenz im Bhāgavatam enthalten."[18]
Es gibt wenig Probleme des menschlichen Lebens, die im Bhāgavatam nicht erörtert werden, und wenig Ziele, zu denen nicht der Weg gewiesen wird. Ein Krieg der Vorzeit wird beschrieben, in dem die Hauptwaffe über die Breite Indiens dahinfahrende Raketen sind. Eine einzige davon verbrennt die große Stadt Benares. Die Substanz und die Triebkraft der Waffe sind allerdings kein uns bekannter Stoff, sondern magische Wortkraft.
Von einem riesigen Raumschiff ist die Rede, das, vom Willen eines Yogī gelenkt, die Erde umkreist und weit über die Regionen der Götter hinausdringt. Es wurde geschaffen, um einer Frau Freude zu bereiten und ihr die Wunder der Erde zu zeigen. (Bhāgavatam III, 23, 12-43)
"Um seiner geliebten Frau die Fülle menschlicher Liebeslust zu schenken, nach der sie sich sehnte, verwandelte der (große Yogī) sich selbst in neun Gestalten und spielte mit ihr (dort) das Spiel der Liebe viele Jahre hindurch, die aber wie eine kurze Stunde erschienen." (Bhāgavatam III, 23, 44)
Ein häßliches Mädchen erfährt, wie sie Schönheit erlangen und den rechten Gatten finden kann. Der Mensch, der Lust sucht, findet Rat, wie er seine Lust steigern kann. Wer Reichtum sucht, findet den Weg zum Reichtum. Wer Macht sucht, erlernt, wie man Macht erlangt. Der kinderlose Vater, der heiß einen Sohn begehrt, bekommt den ersehnten Sohn. Und dann stirbt das Kind; stets wird aufgewiesen: Die Erlangung dieser Ziele ist nichts.
Viele Male werden Versuche dargestellt, auf Erden eine zeitgemäße soziale Ordnung aufzurichten. Ein dämonischer Herrscher will überall die Weltordnung des Guṇa Tamas durchsetzen. Er hat die ganze Erde erobert, dazu die Unterwelt und die vergängliche Himmelswelt Indras. Die Götter sind geflo-

---

[18] Die erste Erwähnung des Bhāgavatam in einem anderen Werk findet sich bei Gauḍapāda (etwa 500 bis 550 n. Chr.) in seinem Kommentar zur Uttaragītā. Er zitiert dort eine Strophe aus dem Bhāgavatam (X, 14, 4) mit der ausdrücklichen Beifügung "so im Bhāgavatam". Da aber bekanntlich die heiligen Texte durch lange Zeitfolgen mit für uns schwer faßbarer Gedächtniskraft mündlich vom Guru zum Schüler überliefert wurden – wobei die Mantras in der altertümlichen Form treu bewahrt wurden, die Sprachform der umrahmenden Teile sich aber zuweilen langsam veränderte –, ist die schließliche Niederschrift selten aufschlußreich für das Alter der Wortüberlieferung.
In Indien selbst wird der Veda niemals "die Schrift", sondern Śruti, "das Hören", genannt, wobei eigentlich gemeint ist, einem göttlichen WORTE zu lauschen.

hen. Er läßt sich als dem einzigen Gott huldigen. Niemand braucht in seinem Reiche zu hungern. Und doch stöhnen alle Wesen unter dem lähmenden Druck seiner Herrschaft. In der Eliteschule, wo er seinen Lieblingssohn erziehen läßt, ist eines der beiden Hauptfächer: Politik, wie man die Triebe der Menschen zum eigenen Vorteil zu nützen weiß, wie man sie gegeneinander aufhetzt, um sie zu beherrschen, wie man sie im Grunde durchschaut; und das zweite Hauptfach ist die Methodik, wie man höchsten sexuellen Genuß erlangt. Er beherrscht die Welt, hat aber keinen Frieden. Während er in Genuß schwelgt, plündern die sogenannten sechs inneren Feinde: Zorn, Lust, Gier, Stolz, Eifersucht, Verblendung, sein Herz aus.
Eines der Hauptthemen im Bhāgavatam ist der mehrfach unternommene Versuch – im Gegensatz zu der erwähnten dämonischen Weltordnung — ein im lichten Guṇa Sattva gründendes Recht zu schaffen. Diese Rechtsordnung, welche die Erfüllung der religiösen und sozialen Pflichten der Menschen fordert, wird Dharma genannt. Es heißt: Dharma ist das, was die Welt trägt. Pflege und Obhut für die Hilflosen und Leidenden; die Kinder, die Alten, die Schwachen, die Kranken, die Flüchtlinge, die Gefangenen sind Glieder des Dharma. Die vom Dharma gebotene Gastfreundschaft gilt, wie schon früher hervorgehoben, nicht bloß dem hungernden Menschen oder Tier, der Gast ist zu ehren wie Gott selbst, weil der eine Gott tief verborgen als innerer Lenker und ewiger Freund in jedem Lebewesen weilt. Das ist die Liebe zum Nächsten im Sinn des Dharma des Hinduismus.
Die große Rahmenerzählung des Bhāgavatam setzt ein mit dem Versuch, ein Reich sozialer Gerechtigkeit auf Erden aufzurichten. Der Versuch mißlingt. Das Mahābhārata schildert einen anderen Versuch, das Reich des Dharma aufzurichten. Auch dieser endete in Untergang und Tod. Im Rāmāyana wird berichtet, wie der göttliche Avatāra (Erlöser) Rāma – der Name bedeutet Freude, göttliche Freude –, der in menschenähnlicher Gestalt auf Erden wandelte und "die Gefallenen aufhob und läuterte", den Dharma wiederherstellen wollte. Noch heute wird in Indien vom Rām-Rāj, dem wunderbaren Reiche Rāmas, gesprochen. Und doch ist auch Rāmas Versuch letztlich mißlungen.
Gemäß dem vedischen Erziehungsplan, der in das Bhāgavatam und andere indische Offenbarungsurkunden eingewoben ist, kann es eine gerechte Weltordnung, die auf des Menschen Ich gegründet ist, also auf Ātmās, die ihr eigenes Wesen vergessen haben und sich mit ganz wesensfremden Hüllen aus grober und feiner Materie identifizieren, nicht möglich. Eine Wissenschaft ohne klare Ātmā-Erkenntnis wird als ein bloßes Wissen von der äußersten Oberfläche des Seins angesehen. Eine Religion, die nicht von der Religion des Menschen zur Religion des Ātmā fortschreitet, ist in diesem Sinn nur ein mehr oder minder von Tamas oder Rajas oder Sattva gefärbtes Ahnen wirklicher Religion. Trost und Obhut und Hilfe für die Erniedrigten, Schwachen und Leidenden, so wichtig sie auch sind, schenken doch nur eine vorübergehende Linderung des Leids. Eine durchgreifende Linderung des Leids und des Übels erfordert, daß man über die Guṇas der Māyā hinausgeht und die ewige Wirklichkeit wahrnimmt. Von der Māyā umfangen und gefesselt, gleicht alles Bemühen um niedere oder höhere Güter, um wahre Gerechtigkeit, um Leidlosigkeit, um wahres ewiges Glück und wahre Liebe einem dahinschwindenden lustvollen oder leidvollen Traum.

Die Upaniṣad spricht es klar aus:

Erst wenn die Menschen den Weltraum
zusammenrollen werden wie eine Haut,
erst dann wird ein Ende des Leides sein,
wenn sie nicht Gott schauen.

Śvetāśvatara-Upaniṣad 20, 6

Diese Strophe drückt keineswegs resignierend eine Unmöglichkeit aus. Denn der Raum ist im Sinne vedischer Welterkenntnis nichts als eine Manifestation des Tamo-guṇa der Māyā, die den Ātmā, der sich abgewendet hat, ständig noch mehr vom Zentrum allen Seins fortschleudert und es verhüllt. Aber wenn ein Ātmā sich sehnt, sich zurückzuwenden, wenn die zum Zentrum hinziehende Kraft der reinen Erkenntnis und Liebe ihn ergreift und trägt, dann wird der Schleier des Weltraums weggezogen wie eine Haut, und die ewige Wirklichkeit, zu welcher derĀtmā gehört, liegt offen da.
Was vom Blickpunkt der Māyā-Welt ein Unglück, eine Katastrophe, ein vollkommener Zusammenbruch zu sein scheint, kann vom Blickpunkt der Ewigkeit höchstes Glück bedeuten. Denn durch die Erschütterung entsteht oft gleichsam eine Ritze in der Schattenhaut der Hüllen, die den Ātmā wie eine Zwangsjacke umschnüren, und ein Leuchten aus einer ganz anderen Dimension kann hervorbrechen.
Wenn man sich lange Jahre in das Bhāgavatam vertieft, bekommt man den Eindruck, daß sogar die Vernichtungskriege und der Untergang alles Bestehenden, die dort und im Mahābhārata geschildert werden, dem Menschen im Grunde zu einer Bewußtseinsverlagerung helfen sollen, nämlich vom Bewußtsein: Ich bin der sterbliche Mensch so und so und ich gehöre zur Welt (der Māyā), zum Bewußtsein: Ich bin Ātmā, ungeboren, todlos, und ich gehöre zu Gott.
Wie tiefgreifend die Bewußtseinsänderung sein muß, deutet eine Strophe der Bhagavad-gītā an:

Das, was Nacht für alle Wesen ist,
darin wacht der Gezügelte.
Das, was Wachsein (Tag) für alle Wesen ist,
das ist Nacht für den Weisen, der sieht.

Bhagavad-gītā 2, 69

Wie ein Leitmotiv auf den Wegen zu einem neuen Bewußtsein, den Yogawegen, ist ein kurzes Gebet der Schüler in der großen geheimen Unterweisung in der Waldeinsamkeit:

Aus der Unwirklichkeit
(der relativen Wirklichkeit der vergänglichen Welt)
führe uns in die Wirklichkeit.
Aus dem Dunkel
(dem Licht und Dunkel der Welt)
führe uns ins (ewige) Licht.
Vom Tode
(vom Leben und Tod in der vergänglichen Welt)
führe uns zur Unsterblichkeit.

Bṛhad-Āraṇyaka-Upaniṣad I, 3, 28

Erst vom ātmischen Bewußtsein aus kann der Mensch erkennen, daß die Einsamkeit, unter der er litt, im Grunde die Einsamkeit des in der Fremde weilenden Ātmā war.
Es ist also notwendig, einen Yogaweg zu gehen – um wieder zu sich selbst zu kommen. Das Wort Yoga bedeutet Verbindung, aber nicht etwa Verbindung des sterblichen Menschen mit dem Ewigen, sondern die Verbindung des individuellen Ātmā, des Tropfens Ewigkeit in einer vergänglichen Menschenhülle, mit einem der Aspekte der Fülle der Ewigkeit.
Aber der Weg ist schwer; er wird in den Upaniṣaden dem Wandeln auf der Schneide eines Rasiermessers verglichen. Das kommt zum Ausdruck in geheimnisvollen Strophen in der Īśa-Upaniṣad, jener Upaniṣad, mit welcher gemäß uralter Tradition der Guru seine Unterweisung in die Geheimlehre der Upaniṣaden zu beginnen pflegt. Das Wort Īśa, mit dem die Upaniṣad anhebt und das ihr den Namen gab, bedeutet: der allmächtige Gott, dessen Herrlichkeit auf nichts außer Ihm Selbst beruht, der in Seiner eigenen Größe gründet: also Gott-Upaniṣad. Die Strophen handeln vom Unwissen (avidyā), d. h. dem bloßen Wissen von der Welt, und vom Wissen (vidyā), d. h. dem Wissen von der Ewigkeit:

In blindmachende Finsternis stürzen jene,
die der Unwissenheit (dem bloßen Wissen von der Welt) anhangen,
doch in noch tiefere Finsternis gleichsam stürzen die,
die sich nur dem Wissen des Ewigen hingeben.

Īśa-Upaniṣad 9

Das bedeutet, sie verlieren den Boden unter den Füßen. Die Upaniṣad setzt fort:

Aber wer beide zusammen versteht,
der überwindet durch Wissen von der Welt den Tod,
und durch Wissen vom Ewigen nimmt er teil am Leben der Ewigkeit.

Īśa-Upaniṣad 12

Wie schon früher hervorgehoben wurde, ist die Welt nicht hier und das Ewige dort; nein, die vergängliche, meßbare Welt ist durchschlungen und umschlungen und durchduftet von der Ewigkeit (vgl. Īśa-Upaniṣad 1). Nur die Blickrichtung muß gelindert werden, keine Ortsveränderung ist nötig. Ein Weg im grenzenlosen Reich des Bewußtseins ist anzutreten, ein Yogaweg.
Aber welchen Yogaweg soll ein suchender Mensch gehen?
Es gibt viele Yogawege. Einer davon ist der sogenannte Haṭhayoga, der in diesem Buch nicht behandelt wurde. Das ist der Yoga, der sich mit der Beherrschung des eigenen Leibs und des Atemstroms befaßt. Er ist eine – keineswegs immer notwendige – erste Einleitung zu anderen Formen des Yoga und soll dazu dienen, daß der Leib bei dem weiten inneren Weg, den der Schüler zu gehen hat, nicht stört. Der Yoga, der in den meisten Yogaschulen des Abendlands gelehrt wird, ist eine sehr vereinfachte Form dieses Haṭhayoga. Es handelt sich dabei um eine ausgezeichnete Gymnastik und kann auch zu einer Konzentration der Gedanken helfen. Die Direktoren von großen Konzernen in der Schweiz, die recht tüchtige Geschäftsleute sind, schicken gern ihre Sekretärinnen in solche Yogaschulen, damit sie sich besser konzentrieren lernen und weniger Fehler machen.

In einer schwedischen Tageszeitung sah ich wiederholt große Annoncen. Da war ein hübsches junges Mädchen abgebildet. Mit gekreuzten Beinen saß sie lächelnd mit halbgeschlossenen Augen in Meditationshaltung da, und man konnte darunter in Schlagzeilen lesen: Praktiziere Yoga in der Yogaschule... und du wirst frei werden von überflüssigem Fett und eine attraktive Figur erlangen.
Mit den Zielen des wirklichen Yoga hat das nichts zu tun. Auch Seelenruhe, äußerer Erfolg und dergleichen sind nicht die wahren Ziele des Yoga, ja oft führen sie zu einer Stärkung des illusionären Ichs.
Eine wichtige sehr alte Yogaform ist der Rājayoga, der königliche Yoga, auch Yoga des Patañjali genannt. Es handelt sich um eine der Mischformen, eine Art Abkürzungsweg zum Yoga des Wissens. In seiner ungetrübten Form werden von dem Übenden dabei größte äußere und innere Reinheit gefordert, sorgfältigste Regelung der Verdauung, Mäßigkeit im Essen, restlos vegetarische Diät, vollkommene Keuschheit in Taten, Worten und Gedanken, bis in das tiefste Traumleben hinein. Bei den heutigen Lebensbedingungen im Abendland ist dieser Yoga, von Ausnahmen abgesehen, kaum durchführbar.
Kṛṣṇa selbst spricht als Guru im Bhāgavatam von drei großen Yogawegen, dem vorbereitenden Karmayoga, dem Jñānayoga, dem Bhaktiyoga, und er charakterisiert genau, wie der Adept beschaffen sein muß, der mit Erfolg einen solchen Yogaweg zu gehen wünscht.

"Es sind von mir drei Yogas klar und deutlich ausgesprochen worden, aus der Absicht heraus, den Menschen die Methode zu geben, um zum wirklich Wertvollen zu kommen. Daneben gibt es nichts, das zur Erhebung führen könnte.

Für diejenigen, die am Wohl des Genießens in dieser Existenz und in kommenden Lebensläufen nicht mehr interessiert sind und die dementsprechend eine ausgesprochene Abneigung gegen das zu diesem Wohl führende Tun haben, für diese ist der Jñānayoga, der Yoga des Wissens, der Yoga, der, dem Willensentschluß entsprechend, das gewünschte Resultat bringt. Für diejenigen, die keine solche Abneigung haben, die am Genießenwollen interessiert sind, die Lohn für ihre Taten begehren, weil sie an der Welt anhaften, ist es der Karmayoga, der, dem Willensentschluß entsprechend, das gewünschte Resultat bringt.

Wenn ein Mensch weder abgestossen ist von der Welt, noch an sich selbst und seinem Leib oder den Dingen in der Sinnenwelt sehr stark anhängt und ohne Ursache Glaubensgewißheit zu dem bekommt, was von mir (Bhagavān, der Māyā, dem Ātmā usw.) gesagt wird, für den ist der Bhaktiyoga (der Yoga des liebenden Dienens) der Weg, der (dem Willensentschluß entsprechend) das gewünschte Resultat bringt."

Bhāgavatam XI, 20, 6-8

Karmayoga, der Yoga der treuen Pflichterfüllung religiöser und sozialer Gebote, ist eine Methode, um alles, was man tut, mit Gott (in Seinem Teilaspekt als der ewige Grund aller Welten und Wesen, als Paramātmā) zu verbinden.

Jñānayoga, der Yoga des Wissens, ist eine Disziplin, die den Funken Ewigkeit (den individuellen Ātmā) mit Gott in seinem Aspekt als grenzenloses reines Bewußtsein (dem gestaltlosen Brahman) verbinden soll.
Bhaktiyoga ist eine Methode, um diesen Funken Ewigkeit (den individuellen Ātmā) mit Gott in seiner ewigen Gestalt als Bhagavān-Svayam zu verbinden. Das geschieht durch Bhakti, die keine Menschenkraft ist, sondern Gottes eigene höchste Kraft.

Das wiedergefundene WORT

Im Hinduismus lebt die Glaubensgewißheit, daß der Urgrund von allem Wort ist, eine den Ohren unhörbare immerwährende Tonvibration, die heimlich alles erfüllt – ob es nun ein Weltall von Zeit und Raum gibt oder nicht gibt. In der Bhagavad-gītā (15, 1) wird von einem Weltenbaum gesprochen, der seine Wurzel oben (in Gott) hat und dessen Zweige abwärts reichen. Da heißt es: "Seine Blätter sind die Veden, und wer ihn kennt, der ist ein Vedawisser." Das wirkliche vedische WORT gilt als eine der ewigen Existenzformen des einen Gottes. Es ist so alt wie Er, d. h. alterslos, von Ewigkeit zu Ewigkeit.
Sprechen und Hören und Erkennen sind in diesem Worte eins. Alles Vermögen von Auge, Ohr, Sprache, Geist ist darin vereinigt. "Es ist das Ohr des Ohrs, der Geist des Geistes, die Sprache der Sprache, der Lebensatem des Lebensatems, das Auge des Auges", heißt es. "Dorthin dringt das Auge nicht hin, noch die Sprache, noch der Geist. Das, was durch die Sprache nicht ausgedrückt werden kann, aber wodurch die Sprache zum Ausdruck kommt... das, was der Geist nicht zu erkennen vermag, aber wodurch der Geist erkannt wird, das allein wisse als das Brahman und nicht das, was sie hier anbeten." (Kena-Upaniṣad I, 1-5)
Dieses WORT, das Ton-Brahman (śabda-Brahman) gilt als der wirkliche Veda. Es ist eine Voraussetzung für das Verständnis, daß man nicht aus dem Sinn verlieren darf, daß alles, was man an vedischen Texten in Handschriften oder Büchern lesen kann, was man mit dem Ohre hören, mit dem Verstand ergreifen kann, nur als ein Schatten des wirklichen Veda gilt. Allerdings, wer diesen ewigen Veda erfahren hat, dem leuchtet und tönt auch aus dem Schattenbild das wirkliche vedische Wort entgegen, und er vermag auch zu erkennen, was Interpolation oder andere Verzerrung ist.
Schon in einer berühmten Hymne des Ṛg-Veda (X, 123) besingt dieses WORT, die Stimme (die Stimme des Höchsten), ihre eigene Herrlichkeit, daß sie es ist, die alle Götter trägt, daß sie Himmel und Erde durchdringt und daß sie den ersten Anstoß zur Weltschöpfung gab.
Als Brahmā, der Weltenbildner, der Erstgeborene der neuen Schöpfung, vor dem Entstehen des Kosmos dieses WORT vernimmt und sein Herz ganz von diesem Wort erfüllt wird, vermag er aus der Kraft dieses Wortes sein Werk zu tun, und nicht nur einmal, sondern 36'000 Male immer von neuem nach dem göttlichen Plan aus dem Stoffe der Māyā die physischen Hüllen der Welten und der Wesen zu bilden.
Was ist die Natur dieses Wortes? Die Antwort, die im Bhāgavatam gegeben wird, lautet: Sie ist göttliche Liebe, Bhakti.
Aber die beklemmende Frage erhebt sich: Wie verhält es sich da mit den einander scheinbar widersprechenden Aussagen in den vedischen Urkunden über den Sinn und die Ziele des menschlichen Lebens? Es ist eine

Zerklüftung, die durch die Kommentare und Systeme späterer Meister noch gesteigert wird.
Kṛṣṇa selbst, der von sich sagt: "Ich bin der einzige Wisser des Veda und der Urheber des Vedānta bin Ich", gibt im Bhāgavatam eine Antwort auf diese Frage. Gott spricht zu Seinem Schüler Uddhava:

Im Verlauf der Zeit, in der Weltauflösung
ist dieses WORT, das Veda genannt wird, verlorengegangen.
Am Beginn der neuen Weltschöpfung
wurde es von Mir dem Brahmā klar verkündet.
und all sein Wesen bezieht sich auf Mich.

Von Brahmā wurde es seinem erstgeborenen Sohn,
dem Manu, verkündet,
und von Manu empfingen es
die sieben Seher der Urzeit
und von diesen Vätern die Söhne,
die Devas und Dämonen und Menschen...

Aber sie alle stammen aus Rajas, Sattva und Tamas,
ihre Neigungen sind von vielerlei Art.
Je nach dem Vorwiegen des entsprechenden Guṇa
sind die Wesen in ihrem Charakter verschieden,
und demgemäß sind ihre verschiedenen Meinungen
über den Sinn des Veda,
und verschieden ist das, was sie sagen.

Bhāgavatam XI, 14, 4-7

Und so kommt es, daß die Menschen
durch verschiedene Anlagen
auf Grund derselben Überlieferung
doch verschiedene Meinungen
über den Sinn des Veda haben.
Einige sogar sind Gottesleugner.

Bhāgavatam XI, 14, 8

Also sprechen die Menschen,
deren Geist durch die Kraft Meiner Māyā verwirrt ist –
je nachdem, was sie auf Grund ihrer Neigung
als fruchtbringendes Wirken ansehen –
von verschiedenen Dingen als dem Köstlichsten
(dem besten Weg und dem besten Ziel).

Erfüllung der dem Menschen obliegenden Pflichten,
entsprechend der Kaste und Lebensstufe,
Ruhm, Erfüllung der Sinnenlust,
Wahrhaftigkeit,
Zügelung der Sinne und des Geistes
und innere Stille, sagen die einen,
andere: göttliche Herrschergewalt
und Entsagung als Weg dazu,
wieder andere rituelle Opfer,

Kasteiung und das Spenden von Gaben,
das Üben von Fasten, Zügelung der Sinne,
des Geistes und des Atemflusses.
Und sie pflegen diese Dinge
um ihrer Selbstbefriedigung willen,
(um ihres eigenen Ichs willen).

Einen Beginn und ein Ende haben diese Welten
die ihrer harren.
Auf Grund eigensüchtigen Wirkens
werden sie erlangt.
Voller Leid sind sie,
erbärmlich, schlecht, mit armseligen Freuden,
und dem Gram ausgeliefert,
denn sie gründen in Finsternis.

Bhāgavatam XI, 14, 9-11

In dem, was Kṛṣṇa hier anführt, sind die meisten Auffassungen vom Sinn des Lebens und den Wegen und Zielen der Menschen mit eingeschlossen. Freilich muß man die Worte "entsprechend der Kaste und Lebensstufe", die darin enthalten sind, nicht im heutigen dekadenten Sinn, sondern in der ursprünglichen Bedeutung auffassen, keineswegs als Zugehörigkeit zu einer Kaste, die bloß auf Erblichkeit beruht, sondern auf Charakteranlagen, die verschiedene Verantwortung und Pflichten bedingen. Und doch nennt Kṛṣṇa die Welten, die auf diesen Wegen erlangt werden, "erbärmlich, schlecht, mit armseligen Freuden und dem Gram ausgeliefert, denn sie gründen in Finsternis". Das bedeutet, fast alle Heilswege und heißersehnten Ziele der verschiedenen Weltanschauungen werden beiseite geschoben. Denn nicht nur das, was aus der Dunkelheit des Tamas und aus der Leidenschaft des Rajas stammt, auch alle Manifestation des lichten Sattva ist – vom Bewußtsein der Ewigkeit her betrachtet – Finsternis.
Aber was bleibt an Wegen und Zielen des Menschenlebens noch übrig? Nichts als die Sehnsucht nach wirklicher Liebe, einer aus Gott stammenden, von jedem Begehren nach grobem oder feinem Eigengenuß und sogar von dem Begehren nach ewiger Seligkeit völlig unverhüllten Liebe. Kṛṣṇa schildert nun seinem Schüler diese Liebe, der gegenüber alle andere Liebe, welche die Menschen auf Erden kennen, nur ein Schatten ist:

Nichts außer Mir hat Er und begehrt er,
beherrscht sind seine Sinne,
voll beruhigt ist er,
denn sein Sinn wurzelt unerschütterlich in Mir.
Gleichwertig ist ihm jeder Ort, wo er ist,
denn durch Mich ist sein Herz befriedigt,
und deshalb sind ihm alle Orte
in gleicher Weise freudevoll.

Nicht wünscht er die Herrlichkeit
des Weltschöpfers Brahmā
oder den Thron des großen Himmelsherrn Indra
oder Herrschaft über die ganze Erde
oder Macht über die Unterwelt,

noch Befreiung von der Wiedergeburt.
Er, der sich selbst Mir ausgeliefert hat,
begehrt nichts außer Mir.

Bhāgavatam XI, 14, 13-14

Kṛṣṇa legt dar, wie derjenige, der diese Liebe empfangen hat, Segen und Läuterung über die ganze Welt ausgießt. Gott verkündet:

Ich folge immerdar dem,
der sich um nichts außer Mir kümmert,
der immer an Mich denkt,
der ohne Feindseligkeit gegen irgend jemand ist,
der alle Dinge außer Mir
für gleich unwichtig ansieht.
Ich tue das, damit durch den Staub seiner Füße
die Welt geläutert werde.

Die nichts außer Mir kennen,
deren Herzen in immer neuer dienender Liebe
Mir gewidmet ist,
die ganz unerschütterlich in Mir wurzeln,
die wahrhaft Großen,
die voller Güte
zu den Ātmās in allen Wesen sind,
deren Sinn von keinerlei Begehren
irgendwelcher Art mehr berührt wird,
diese allein erleben Meine Freude
und wissen, was Meine Freude ist,
denn sie schauen nach nichts anderem,
nicht einmal nach Erlösung von der Wandelwelt.

Bhāgavatam XI, 14, 16-17

Ein bestürzender Satz findet sich in der vorstehenden Strophe. Es heißt da nicht: "die voller Güte zu allen Wesen sind", sondern "die voller Güte zu den Ātmās in allen Wesen sind".
Hier unterscheidet sich die Tradition der indischen Gottesliebe, so wie sie in diesem Buch gesehen wird, von den meisten Darstellungen des Liebesthemas in anderen Religionen. Das von unserem Gesichtspunkt Bestürzende liegt nicht darin, daß Gott die Quelle aller Liebe ist und daß die Nächstenliebe letztlich in der aus Gott stammenden Liebe gründet, sondern daß die wahre Liebe zum Nächsten genaugenommen nicht seiner Existenz als Mensch gilt, sondern dem in der Menschenhülle weilenden Ātmā.
Kṛṣṇa spricht auch von dem Anfänger auf dem Pfade der Bhakti:

Sogar wenn Mein Bhakta
seine Sinne noch nicht besiegt hat
und durch die Sinnesdinge verstört wird,
kann er von den Sinnesdingen
schwerlich überwältigt werden,
denn Bhakti (sogar auf dieser Stufe)
ist (Meine Kraft und) sehr mächtig und kühn.

O Uddhava,
so wie ein wohlentflammtes Feuer
das Brennholz zu Asche verzehrt,
so verzehrt die Bhakti, die Mich als Ziel hat,
alle Sünden und alles Unglück.

Yoga, Sāṅkhya, Erfüllung der Pflichten als Mensch,
Studium der Veden, Askese, Entsagung
gewinnt Mich nicht;
hingegen gewinnt Mich die
(aus Mir stammende) gewaltige Bhakti zu Mir.

Die Seienden, deren Tiefstes und Liebstes ich bin,
vermögen Meiner habhaft zu werden
durch ganz ausschließliche Bhakti
voller Glaubenszuversicht.
Unauswurzelbar in Mir gegründete Bhakti
läutert sogar den Hundeesser
von (dem Unheil) seiner Geburt.

Bhāgavatam XI, 14, 18-21

So wie Gold, ins Feuer geworfen,
seine Beschmutzung aufgibt
und seine wahre Natur wieder erlangt,
so schüttelt der Ātmā ab
das Begehren nach anderem
als dem Gott-Dienen,
und dann dient er Mir wirklich
in dienender Liebe.

Durch Hören und Singen der heiligen Namen und Lieder,
die von Mir handeln,
wird das Herz geläutert,
und dann sieht es das ganz Feine
(Mich, Mein Spiel, Mein unendliches Reich, Meine Mitspieler,
das, was er sonst nicht sehen könnte),
so wie durch Anwendung einer Augensalbe
das Auge (nicht nur frei von Krankheit bleibt,
sondern noch stärkere Sehkraft erhält).

Das Herz, das über Sinnesdinge sinnt,
das haftet an den Sinnesdingen an,
das Herz, das immer wieder und wieder
Meiner gedenkt,
bleibt schließlich ganz und gar an Mir haften.

Deshalb laß alles fahren,
das Denken an das leere Geschwätz
(den Streit der Gelehrten).
Es ist wie bloßes Träumen
und wunschvolles Denken.
Versenke deinen Geist,

der von persönlicher dienender Liebe zu Mir
ganz durchdrungen ist, völlig in Mich.

Bhāgavatam XI, 14, 25-28

Wer das zu wissen begehrte
(die ewige Bhakti),
und nun all dieses weiß,
für den bleibt nichts,
was er noch wissen wollte.
Wenn einer den Trunk der Unsterblichkeit trank,
für den bleibt nichts, was er noch wissen wollte.

Bhāgavatam XI, 29, 32

Der lebendige Gott, ohne jede Verhüllung, steht nun als "Wahrheit der Wahrheit, Wirklichkeit der Wirklichkeit" vor Seinem geliebten Schüler Uddhava und erweist sich als Quelle aller Wege und Ziele des menschlichen Lebens. Alle Dramatik des Daseins, alles Licht und aller Schatten, alles Gute und Böse haben ihren Ursprung in Ihm. Kṛṣṇa spricht:

Was Yoga des Wissens (Jñānayoga)
und Pflichterfüllung um der eigenen Wohlfahrt willen (karmayoga)
und Yoga (des Patañjali)
und Herrschergewalt
und die vier Ziele des Menschen sind
(Dharma, Artha, Kāma und Mokṣa[19]),
das, o Mein Lieber,
bin Ich für dich.

Wenn ein Mensch alles Tun um seiner selbst willen aufgegeben hat
und sein Selbst Mir hinzugeben begehrt,
dann geht er hin zu dem, was ewig ist
und er wird reif, sein wahres Selbst zu sein
in Gemeinschaft mit Mir
(als Mitspieler in Meinem eigenen unendlichen Reich).

Bhāgavatam XI, 29, 33-34

Einige der Strophen, die Kṛṣṇa früher sprach, ergeben, daß der Frieden, nach dem die Welt sich sehnt, Frieden als bloßes Freisein von Schmerz, Unruhe, Sorge, Angst, Krankheit, Tod..., keineswegs dem Bhakta zuteil wird, der auf Erden sich müht und ringt. Frieden im Sinne Kṛṣṇas und des Bhāgavatam ist "unerschütterliches Wurzeln des Geistes in Mir". (Bhāgavatam XI, 19, 36)
Das Ziel ist nicht, dem Tun und den Problemen der Welt zu entlaufen, sondern sie in Gottzugewandtheit zu lösen, den ewigen Hintergrund von allen vergänglichen Erscheinungen zu sehen und auch in der Welt aus der Kraft der Ewigkeit zu leben.
Ohne diesen Hintergrund gleicht die Welt und das Leben in ihr zumeist einem qualvollen Bild in Schwarz und Weiß, hier gut, dort böse usw. Falls in dieser Welt ein Lusterleben erreicht wird, zieht die Lust stets früher oder

---

[19] Treue Pflichterfüllung im Sinn einer gerechten sozialen Ordnung, Reichtum, Lust, Befreiung von allem Leid und aller Unwissenheit.

später Qual nach sich. Wenn aber der unzerstörbare Grund aufleuchtet, nicht als ein fernes Jenseits, in das man, von den Qualen der Welt entfliehend oder ihren Freuden entsagend, sich zurückziehen könnte, sondern als "Innengrund", mitten unter uns und in allen anderen Lebewesen als "das Nächste des Nahen", dann erst erscheinen die mannigfaltigen Wege und Ziele des menschlichen Lebens in aller Tiefe und Farbe in ihrer wirklichen Beziehung zueinander und zum Zentrum alles Seins. Dann erst lassen sich die Fragen: Was soll ich tun und was soll ich lassen? in dieser oder jener Alters- und Bewußtseinsstufe, in dieser oder jener äußeren oder inneren Lebenslage, klar stellen und beantworten. Dann sind gut und böse keine leeren Worte mehr, deren Relativität von ständig wechselnden Bedingungen abhängt. Erst wenn der Mensch mit jedem Atemzug all sein Tun und Lassen dienend und liebend Gott als Opfer hingibt, ist das Leben in der Welt kein lust- und leidvoller Traum mehr.
Im Bhāgavatam kennzeichnet Brahmā, der Weltenbildner, vor Kṛṣṇa stehend, die Welt, die er selbst aus dem Stoffe der Māyā schuf, mit den folgenden Worten:

Daher ist diese ganze Welt
nicht wirkliches (ewiges) Sein,
sie ist wie ein Traum,
ohne wahre Erkenntnis
und voll schwerem, schwerem Leiden.
Doch obwohl die Welt aus der Māyā stammt,
so leuchtet sie doch wie wirkliches SEIN,
wenn sie (im Dienen) auf Dich (bezogen wird),
der Du unbegrenzte Gestalt bist,
ewiges Glück und reine Erkenntnis.

Bhāgavatam X, 14, 22

Wie sich der Erdenwandel eines Gottgeweihten gestalten kann, wird aus der folgenden Strophe des Bhāgavatam anschaulich:

Wer in allen Wesen
die Liebe des einzelnen Ātmā zu Bhagavān
(dem geliebten persönlichen Gott) sieht,
und alle Wesen in Bhagavān,
dem Ātmā (über allen Ātmās),
der ist der höchste Gottgeweihte.

Bhāgavatam XI, 2, 45

Auf dem Wege des Bhaktiyoga erkennt der Mensch, daß die Lieblosigkeit, an der er litt, daher kam, daß er sich selbst von der überall seienden, allüberflutenden Kraft der göttlichen Liebe isolierte.

Vor mehreren Jahrhunderten, zur Zeit, als Amerika entdeckt wurde, die Hochrenaissance blühte und sich in der Reformation die Kirchenspaltung vollzog, wuchs an der heutigen Grenze von West-Bengalen und Bangladesh eine Gestalt auf, die unter dem Namen Kṛṣṇa-Caitanya bekannt ist. Er lebte auf Erden 1486-1533, und mit seinem Auftreten setzte ein vielfältiges Aufblühen der Gottesliebe und Kunst und Kultur in Bengalen und anderen Landschaften Indiens ein. Noch heute beginnen Millionen von Menschen in

Indien ihre Zeitrechnung mit der Vollmondnacht, da er in der Stadt Navadvīpa am Ganges geboren wurde – so wie wir unsere Zeitrechnung mit der Geburt von Jesus Christus beginnen. Kṛṣṇa-Caitanya wird in allen zeitgenössischen Biographien und in vielen Werken seiner Schüler als der Urgott selbst, als der in tiefster Dunkelheit zur Erde wiedergekehrte Kṛṣṇa bezeichnet, als der mit aller Gotteskraft begabte verborgene goldene Avatāra des finsteren Zeitalters der Zwietracht (kaliyuga).
Eine Strophe eines seiner vertrauten Schüler lautet:

"Um die vorher noch nie geschenkte,
im Dienen hell leuchtende,
ganz unverhüllte göttliche Liebe
zu Ihm Selbst zu schenken,
ward Gott in Seiner Barmherzigkeit
sichtbar im Zeitalter der Zwietracht."

In einer anderen Strophe heißt es: "Aus Sehnsucht nach der Natur eines Bhaktas, eines Gottgeweihten, wurde Gott als Avatāra sichtbar."

Einstmals erklärte Kṛṣṇa-Caitanya, der in die alte Traditionsfolge des Bhāgavatam hineinging, einem Schüler verschiedene Wege und Ziele des menschlichen Lebens.[20]
Er sagte:

"Im Universum irren (von Geburt zu Geburt) zahllose Lebewesen umher.

In der Gesamtheit der Lebewesen sind die Menschen in einer kleinen Minderzahl, und unter ihnen sind alle diejenigen mitgezählt, die von den Veden nichts wissen.

Unter denen, welche die Veden als Autorität anerkennen, sind die Hälfte solche, die sich nur äußerlich an die Veden halten, die das tun, was die Veden verbieten, und welche die Pflicht, die ihnen auf Grund ihres eigenen Wesens obliegt, überhaupt nicht erfüllen.

Unter denen, die ihre Pflicht tun, sind viele, die ihre Pflicht eigensüchtig, um des verheißenen Lohnes willen, erfüllen.

Unter Millionen von Menschen, die derart Karmayoga üben, mag sich einer finden, der den Weg des Wissens, des Jñānayoga, geht.

Unter Milliarden von solchen Wissenssuchern gibt es einen einzigen, der wirklich Erlösung (mukti) findet.

Und unter Millionen Erlösten muß man schon sehr nach einem (wirklichen) Bhakta Kṛṣṇas suchen."

Caitanya-caritāmṛta II, 19, 125-131

---

[20] Über Kṛṣṇa-Caitanya s. W. Eidlitz, "Kṛṣṇa-Caitanya. Sein Leben und Seine Lehre", Stockholm 1968.

Ein anderes Mal lehrte Kṛṣṇa-Caitanya seine Schüler, wie man beten solle. In seiner Demut dünkte er sich ein völlig liebeleerer Mensch zu sein, und er betete:

O Herr der Welt,
Ich begehre nicht Reichtum, nicht Nachkommen (oder Jünger),
nicht eine schöne Frau oder Dichterkraft.
Doch möge Mir von Geburt zu Geburt
das eine zuteil werden,
motivlose Bhakti (Liebe)
zu Dir, o Herr.

Caitanya-caritāmṛta III, 20, 26

Anhang

Der Avatāra

Unter Avatāra verstehen die indischen heiligen Urkunden das "Herabsteigen" Gottes aus dem unendlichen Reiche der Freiheit in die Welt der Zeit und des Raums der großen Māyā; ohne daß das Wesen Gottes sich dabei in irgend einer Weise substantiell veränderte (avatarati heißt: er steigt herab). Es handelt sich nicht um eine Fleischwerdung oder Inkarnation. Gott unterliegt in keiner Weise den Gesetzen der Māyā-Welt, auch wenn Er in sie herabkommt, noch bedarf Er einer fleischlichen Hülle, um Seine Urgestalt (und die ewigen Gestalten Seiner Teilaspekte), die alle aus wahrem Sein und reiner Erkenntnis und göttlichem Glück (sat-cit-ānanda) bestehen, auf Erden sichtbar zu machen. Das ist, was die Śāstras über die Avatāras aussagen.
Aber auch die Bezeichnung "der Herabsteigende" ist noch der Fassungskraft des Anfängers angepaßt.

"Für Ihn gibt es kein Innen und kein Außen.
Kein Vorher und Nachher.
Jedoch Er ist das Vorher und Nachher
und das Außen und Innen
des Weltalls
und Er ist das Weltall selbst."

Der Sinn davon ist, das Weltall wäre nicht, wenn Er nicht wäre. Gott braucht nicht herabzusteigen, um sich sichtbar zu machen. Er ist ja in Seiner ewigen Gestalt immerdar und überall gegenwärtig.
Das Kommen eines Avatāra bedeutet: Der Schleier der Māyā wird für kurze Zeit durchsichtig, die überall seiende ewige Wirklichkeit leuchtet hindurch. Der lebendige Gott wird sichtbar. Begnadete Menschen nehmen nun wahr: In tiefer Mitternachtsstunde ist ein göttliches Kind geboren worden und wächst heran und tut viele wunderbare Taten und unterweist zuweilen sogar als ein Guru, lehrt die Wege zu sich selbst – und "stirbt" schließlich, geht von der Erde weg in Sein eigenes Reich zurück. Der Schleier der Māyā ist wieder undurchsichtig und dunkel geworden. Ein finsteres Zeitalter bricht herein. Doch das göttliche Spiel Bhagavāns mit den Seinen geht in aller Ewigkeit ohne Bruch weiter und flutet auch in zahllose andere bewohnte Welten hinaus.
Ein Sinn der Weltschöpfung besteht ja gemäß den vedischen Urkunden darin, neue Bühnen für die sich immer mehr steigernde Dramatik des göttlichen Spiels zu bereiten.
Im Bhāgavatam (I, 3, 26) heißt es:

"Die Avatāras Gottes,
des Urgrunds des ewigen Seins,
sind zahllos;
so wie von einem unerschöpflichen See
Tausende Ströme ausfluten."

Auch andere Übersetzungsversuche für das Sanskritwort Avatāra, z. B. Erlöser, Befreier, Heiland, sind unzureichend; ihnen haftet noch immer die

Begrenzung menschlichen Denkens an, die eigensüchtige Frage: Was tut Gott für uns? Je mehr aber Gott sein inneres Leben dem Auge der dienenden Liebe enthüllt, (der Bhakti, die Gottes eigene Sehkraft ist,) desto mehr wird erkennbar: Gott selbst tut niemals etwas eines Zweckes halber. Nur Seine äußeren Aspekte vollbringen Schöpfung, Erhaltung und Auflösung unzähliger Welten. Alles, was Gott tut, auch wenn Er als Avatāra auf Erden weilt, ist ursachlos, motivlos, "ohne Warum", spontanes Spiel. Sein Wesen ist Spielfreude. Er selbst ist das unendliche Spiel.

Aussprache der Sanskrittransliteration:

a - wie das **a** in h**a**t
ā - wie das **a** h**a**ben (doppelt so lang wie das kurze **a**)
ai - wie das **ei** in w**ei**se
au - wie das **au** in H**au**s
b - wie in **B**utter
bh - wie in Gro**bh**eit
c - wie das **tsch** in **Tsch**eche
ch - getrennt wie im engl. staun**ch-h**eart
d - wie in **d**anken
dh - wie in Sü**dh**älfte
e - wie das **ay** im engl. w**ay**
g - wie in we**gh**olen
h - wie in **h**elfen
ḥ - in der Mitte eines Wortes wie das **ch** in wa**ch**en; am Ende eines Wortes wird der vorausgehende Vokal wiederholt; also **iḥ** wie **ihi**, **aḥ** wie **aha** usw.
i - wie das **i** in r**i**tten
ī - wie das **i** in B**i**bel (doppelt so lang wie das kurze **i**)
j - wie das **dsch** in **Dsch**ungel
jh - getrennt wie im engl. he**dge-h**og
k - wie in **k**ann
kh - wie in E**kh**art
l - wie in **l**ieben
ḷ - wie das **l** gefolgt von **ri**
m - wie in **M**ilch
ṁ - ein Nasal wie das **n** im franz. bo**n**
n - wie in **n**ähren
ṅ - wie in E**ng**el
ñ - wie in Ca**ny**on
ṇ - wie in **n**ähren
o - wie das **o** im engl. g**o** (**ou**)
p - wie in **p**ressen
ph - wie im engl. u**ph**ill
r - wie in **r**eden
ṛ - wie das **ri** in **ri**nnen
ṝ - wie das **rie** in **rie**seln
s - wie in fa**s**ten
ś - wie in **sch**arz
ṣ - wie in **sch**ön
t - wie in **t**önen
ṭ - wie in **t**önen
ṭh - wie in Sanf**th**eit
th - wie in Sanf**th**eit
u - wie das **u** in B**u**tter

ū - wie das **u** in H**u**t (doppelt so lang wie das kurze **u**)
v - wie in **V**ene
y - wie in **J**ubel

Erklärung einiger Sanskritworte

Ahaṅkāra
Siehe: Feinstoffliche Hülle.

Asura
Das Wort *Asura* wird häufig mit *Dämon* übersetzt. Es bedeutet jedoch:
1) Keine innere Haltung haben und nur von ständig wechselnden Trieben und Lüsten hin- und hergeschleudert zu werden.
2) Nicht auf die Śāstras (vedische Schriften) und nicht auf Gott ausgerichtet oder gestützt zu sein. Asura heißt auch ohne Sonne, ohne Licht (Gottes). Asuras sind also atheistische Wesen ohne Leuchten, ohne Sonne.
Siehe: Deva.

Ātmā (Ātman)
Das Selbst, die ewige unzerstörbare innere Gestalt jedes Wesens.
Ātmā wird häufig mit *Seele* übersetzt. Die westliche (oft auch die christliche), von der Psychologie beeinflußte Denkweise, meint mit dem Begriff *Seele* die feinstoffliche oder die psychische Struktur des Lebewesens. Daher auch der Ausspruch: "An der Seele erkrankt". Mit dem Begriff Ātmā ist jedoch nicht dieser veränderliche Stoff der feinen Materie gemeint. Ātmā bezieht sich einzig auf die ewige und unveränderliche innerste Identität. Es ist dieses innerste unzerstörbare ICH, das von den feinstofflichen Hüllen (Manaḥ: Denken, Fühlen, Wollen; Buddhi: Intelligenz; Ahaṅkāra: Falsches Ego) und dem grobstofflichen Körper eingekleidet und bedingt wird. Es ist auch der Ātmā, der diesen Hüllen ein scheinbares Leben verleiht. Wenn in Übersetzungen der Bhakti-Schriften, die nicht den Snskritbegriff *Ātmā* verwenden, von Seele, Geistesseele oder spiritueller Seele gesprochen wird, bezieht sich das immer auf das, was die Veden unter Ātmā definieren.

AUM oder **Oṁ** (Oṁkara)
Die Ursilbe.
Die Laute A und U verschmelzen sehr oft zu dem Laut O. Gesungen klingt die Silbe stets AUM. Die ganze Silbe bedeutet den vierten Zustand, den sogenannten Turīya-Zustand, das ist ein Zustand der Vollwachheit, welcher Wachen und Träumen und Schlafen durchdringt, zu dem sich unser Wachen bloß wie ein Traum verhält. "Die Silbe Oṁ ist das *große Wort*, der Ursprung der Veden, von der Natur Gottes, aller Welten Heim". - Kṛṣṇa-Caitanya im Caitanya-caritāmṛta.
Die Silbe Oṁ wird von Caitanya-Bhaktas auch der Same des Namens Kṛṣṇa genannt. Der Name selbst wird mit dem vollerblühten Baume verglichen. Oṁ repräsentiert auch das unpersönliche Brahman, das von den Brahmavādīs (oder Māyāvādīs) als das höchste Ziel betrachtet wird.

Avatāra
Wörtlich: Der Herabsteigende, eine in die Welt herabgestiegene Gestalt Gottes. Diese Gestalten Gottes nehmen keine vergängliche materielle Hülle an. Avatāra wird oft mit "Inkarnation" (Fleischwerdung) übersetzt. Gott macht jedoch einfach nur Seine ewige unzerstörbare Gestalt für eine bestimmte Zeit den materiellen Augen sichtbar. Durch das Wirken Seiner

Yogamāyā-Kraft erscheint Er den Menschen wie seinesgleichen, mit einer Hülle aus Fleisch und Blut, und nur diejenigen können Ihn erkennen, denen Er die entsprechende Sicht gibt. Kṛṣṇa sagt: "Den Toren und unintelligenten Menschen (all jene, die vergängliche Ziele in einer vergänglichen Welt verfolgen) offenbare Ich Mich niemals. Für sie bin Ich von Meiner inneren Energie (Yogamāyā) bedeckt, und deshalb wissen sie nicht, daß Ich ungeboren und unfehlbar bin." Bhagavad-gītā 7.25
Daneben gibt es noch die *Śakti-Āveśa-Avatāras*, das sind große Gottgeweihte, die von einer bestimmten Kraft (Śakti) Gottes erfüllt sind, um in Seinem Dienst eine bestimmte Mission zu erfüllen. Avatāra bezieht sich immer auf Gott Selbst oder Seine Kraft, die durch einen besonderen gottgeweihten Ātmā zum Ausdruck kommt.

Bhagavad-gītā
Wörtlich: Gesang des Erhabenen, Gesang Gottes.
Teil aus dem Epos Mahābhārata in achtzehn Gesängen (Kapiteln). Die göttliche Unterweisung Kṛṣṇas an Arjuna.

Bhagavān, Bhagavat
Der Erhabene, der Besitzer aller Füllen:
1. Der persönliche Gott in seiner Fülle; Kṛṣṇa wird in der Bhagavad-gītā ständig Bhagavān genannt,
2. Ehrentitel höchster Weiser und Gottgeweihter.

Bhāgavata
1) (masc.) Ein Gottgeweihter (Bhakta),
2) (neutr.) (Bhāgavatam) Der Name des grossen Bhāgavata-purāṇas, das die Taten Gottes beschreibt.

Bhakta
Ein Gottgeweihter.

Bhakti
Dienende liebende Hingabe.

Brahmā (masc.)
Der Weltschöpfer. *Der erste Sänger und Dichter* (ādikavi). Ein besonders ermächtigter Ātmā, der das Innere eines Universums gestaltet. Für jedes der zahllosen Universen wird vom Herrn ein geeigneter Ātmā für das Amt des Brahmā ausgesucht und sollte kein geeigneter Ātmā zur Verfügung stehen, übernimmt der Herr Selbst diese Aufgabe.

Brahman (neutr.)
Die eigenschaftslose, gestaltlose Ausstrahlung Gottes, die aus reinem Bewußtsein besteht. Der unendliche Lichtglanz, der von der Persönlichkeit Gottes, Kṛṣṇa, ausgeht. Seine wundersame Gestalt wird vom Brahman vor den Suchern mit noch nicht völlig geläuterter Hingabe verhüllt.
"Ich verehre Govinda (Kṛṣṇa), den urersten Herrn, der mit großer Macht ausgestattet ist. Die leuchtende Ausstrahlung Seiner transzendentalen Gestalt ist das unpersönliche Brahman, das absolut, vollständig und unbegrenzt ist und die Mannigfaltigkeit zahlloser Planeten mit ihren verschiedenen

Reichtümern in Millionen und Abermillionen von Universen entfaltet." Brahma-saṁhitā 5.40.
Das höchste Ziel der Jñānayogīs, die in das Brahman eingehen, bzw. mit ihm verschmelzen wollen.

Brāhmaṇa
Ein Angehöriger der höchsten der vier vedischen Gesellschaftseinteilungen, ein Geistesmensch, ein Geistträger oder Kenner des Brahman; Priester und Lehrer, die der Gesellschaft transzendentale Führung geben. Wahrhafte Brāhmaṇas werden in der Schrift die "Erdengötter" genannt. Nicht zu verwechseln mit dem heutigen degenerierten Kastensystem (Geburtsrecht oder -zwang). – Die Śāstra betrachtet es als Entartung, daß man durch bloße Geburt in einer Brāhmaṇafamilie zum Brāhmaṇa werden kann. "Jedes Kind wird (im Kaliyuga) als Śūdra geboren". Auch der Kastenlose und der Nichthindu kann nach Auffassung der Bhaktas ein Brāhmaṇa werden. Die Lebensgeschichten der großen indischen Heiligen seit der ältesten Zeit sind voll von Berichten über die Durchbrechung erstarrter Kastengesetze.

Buddhi
Siehe: Feinstoffliche Hülle.

Citta
Siehe: Feinstoffliche Hülle.

Dāsa
Diener

Deva
1.) Der Leuchtende, ein Name Gottes. Von *div*, scheinen, leuchten, strahlen.
2.) Die Devas, Halbgötter, Lichtwesen, angeführt vom Himmelskönig Indra. Sie gelten als hohe Wesen (Ātmās), die aber den Leidenschaften und dem Kreislauf der Geburten und Tode unterworfen sind. Es sind gottgeweihte Ātmās, die aber immer noch an materiellen Freuden angehaftet sind. Sie verwalten mit der ihnen von Gott geliehenen Kraft das Universum.
Ein anderer Name für Deva ist *Sura*, das heißt auch Sonne. Die Atheisten heißen Asuras, also Wesen ohne Leuchten, ohne Sonne. Jedes Wesen, das Gott zugetan ist, zählt zu den Suras und jedes Wesen, das Ihm abgeneigt oder sogar feindlich gesinnt ist, zählt zu den Asuras. Deshalb sagen die Veden: "Es gibt zwei Arten von verkörperten Lebewesen; die Suras und die Asuras".

Devī
Die weibliche Form von Deva. Wenn man in Indien von der Devī ohne weiteren Namen spricht, ist stets die große Göttin, die Māyā gemeint.

Dharma
Gesetz, Recht, Wesensgesetz, Ethik, gesetzhaft geregelte Religion. Von *dhṛ*, halten, der Dharma, durch den das Weltall gehalten wird. Der Todesgott Yama heißt in Indien auch König Dharma (Dharmarāja), d. h. der Herr des Gesetzes. Nachdem Kṛṣṇa dem Arjuna in der Bhagavad-gītā lange den Dharma erklärt hat, den Dharma des Pfades der Werke und den Dharma des Pfades des Yoga und den Dharma des Pfades der Weisheit und den Dharma

des Pfades der gesetzhaften liebenden Hingabe, sagt er ihm im letzten Kapitel, im 66. Vers: "Gib alle Arten von Dharmas auf und nimm einzig und allein bei Mir (bei Gott) Zuflucht. Fürchte dich nicht; Ich werde dich von allen Reaktionen befreien, (die aus der Verletzung von gesetzhaft geregelter Religion entstehen)".
Ein alter Bengalispruch lautet:
"Das ewige Wesensgesetz (Sanātana-Dharma) jedes Lebewesens ist es, Kṛṣṇas ewiger Diener zu sein".

Durgā
Name der Māyā, von *durgā*, Gefängnis, die Herrin über das Gefängnis, welches das Universum darstellt.

Feinstoffliche Hülle
Bestehend aus:

Ahaṅkāra
Das (falsche) Ich. Das sich als eine Einheit, eine Person wissen, fühlen, erleben. Die feinstoffliche Grundlage des Ichgefühls.
Dieses falsche Ich, die feinstoffliche Grundlage des Ichgefühls, besteht aus dem Stoff der Māyā. Dieses falsche Ich ist ein Teil der feinstofflichen Hülle. Das Ahaṅkāra veranlaßt den Ātmā sich selbst zu vergessen. Durch dieses Selbstvergessen ist er gezwungen, sich mit den feinen und groben Hüllen zu identifizieren. Der Ātmā glaubt nun: "Ich bin die Gesamtheit meines Körpers, meines Denkens, Fühlens etc., ein Produkt dieser vergänglichen Welt". Dieses feinstoffliche Ich kann durch Verletzung, Trunkenheit usw. eliminiert werden.
Das Ahaṅkāra ermöglicht es, daß sich der Ātmā irrtümlicherweise mit den unterschiedlichsten psychischen und physischen Zuständen identifizieren kann.

Citta
Das rein rezeptive, passive Bewußtsein und Unterbewußtsein. – Citta ist theoretisch rein, unveränderlich, ruhig, still; tatsächlich aber voller lustbetonter oder auch unlustbetonter Eindrücke (Zuneigung und Abneigung) aufgrund vergangener Erlebnisse in unzähligen grobstofflichen Körpern (auf Sanskrit: Vāsanās).
Das Citta ist rein rezeptiv, passiv, und wird deswegen sehr oft mit einem Spiegel oder der Oberfläche eines Wassers verglichen. Die Eindrucksfähigkeit ist um so höher, je klarer und reiner dieser Spiegel ist, gleichsam einer ganz ruhigen, stillen Wasserfläche. Je weniger sich zwischen das Objekt, das gespiegelt werden und einen Eindruck hinterlassen soll, und dem Spiegel des Bewußtseins störend einschiebt, desto eher wird die Erkenntnis objektiv sein. Also Reinheit des Bewußtseins, Klarheit der Aufnahmefähigkeit, das Nichtverzerren der Form und Substanz und die Nichtentstellung des Objektes auf dem Weg zwischen den physischen Sinnen (Augen, Ohren etc.) und den Nerven bis zum Spiegel des Bewußtseins sind die Voraussetzungen dafür, daß ein Objekt als das wahrgenommen wird, was es ist.
Davon ist sehr wohl zu unterscheiden der Ausdruck *Cit*. Cit ist das, was aus reiner, unmittelbarer Erkenntnis besteht (das, was vom erwachten Ātmā selbst wahrgenommen wird). Citta dagegen besteht nicht aus Erkenntnis, sondern es ist sozusagen ein feinstoffliches Organ, das sämtliche

Eindrücke und Empfindungen speichert und das dadurch Erkenntnis erwirbt. Der Inhalt des Citta ist bloß mittelbare, indirekte Erkenntnis.

Buddhi

Intelligenz, Vernunft. – Das Bewußtsein stellt fest, nach Überlegung und Erwägung, was das ist, was wahrgenommen wurde, das heißt, es wird durch die Funktion der Vernunft erkannt, was das im Citta erlebte Objekt ist, wo es ist, von wo es herkommt, wie es zu erreichen ist. Diese Erkenntnis kann gemäß den Śāstras folgenden Inhalt haben:

a) Direkte Erfahrung, Schlußfolgerungen, Wahrnehmung der Abwesenheit einer Sache oder das, was die Śāstras, die als absolute Erfahrungsquelle gelten, darüber aussagen. Man nennt das Pramāṇa, Erkenntnis dessen, was real ist.

b) Irrtum oder Erkenntnis einer Sache, so wie sie überhaupt nicht ist (Viparyaya).

c) Erkenntnis einer Sache, die nur als bloßes Wort besteht, aber keineswegs eine Realität hinter sich hat, z. B. "das Horn eines Hasen". Man nennt das Vikalpa.

d) Gedächtnis, Erinnerung, ein Wissen, das aus dem Eindruck entstand, den eine frühere Erfahrung hinterließ (Smṛti).

e) Schlaf, d. h. die Erkenntnis hat überhaupt nichts zum Gegenstand, das Bewußtsein ruht; man nennt das Nidrā.

Diese Überlegungs- und Analysefähigkeit der feinstofflichen Hülle nennt man Buddhi.

Manas

Das Gefühl, der Wille, Verstand oder Geist. Diese Schicht der feinstofflichen Hülle besteht aus der Bereitschaft etwas zu erleben. Diese Bereitschaft führt zu einem Begehren, das als "Wohl" Erlebte von neuem und stärker zu erleben, gedanklich, in der Phantasie bei dem Wohl gebenden Objekt zu verweilen – oder auch, bei dem Unwohl gebenden Objekt zu verweilen, darüber zu brüten.

Diese ständige Bereitschaft des Bewußtseins wird Manas genannt. Auch die Gesamtheit aller Bewußtseinsschichten heißt zuweilen Manas. Aus dem Manas entwickelt sich ein Begehren, Lust, *Kāma* genannt. Es ist das Manas, das ein Objekt begehrenswert macht, das ihm Farbe verleiht, so daß es als anziehend empfunden wird. Ebenso enthält dieses Bewußtsein der Bereitschaft auch das Gegenteil – nicht Lust, sondern "Haß" oder *Krodha*, also Ablehnung dessen, was entweder als Unwohl erlebt wird, oder dessen, was sich dem Erleben eines Wohles in den Weg stellt.

Kṛṣṇa sagt: "Die acht Stoffe Erde, Wasser, Feuer, Luft, Äther, Geist (Manas), Intelligenz (Buddhi) und falsches Ego (Ahaṅkāra) bilden zusammen Meine abgesonderte, materielle Energie (Prakṛti)." Bhagavad-gītā 7. 4.

Gaṅgā

Der heilige Strom Ganges. Er gilt als ein Tropfen aus dem "Ozean aller Ursachen" (in welchem Mahā-Viṣṇu liegt). Die Śāstra sagt: der himmlische Ganges entspringt den Füßen Kṛṣṇas, sinkt herab auf das Haupt des in Meditation versunkenen Śiva und gibt diesem seine Kraft, er durchflutet dann entsühnend die Erdenwelt, sinkt noch tiefer herab und erquickt auch die unteren Welten der Asuras. Es ist nicht das physische Wasser, sondern das transzendentale Wasser, das unsichtbar dem physischen Wasser zugrunde liegt, gemeint.

Gopīs
Die Hirtinnen in Vṛndāvana, die ewigen Gefährtinnen Kṛṣṇas; Bhaktas höchsten Ranges. Die Gopas, Hirten und die Gopīs werden als die ewigen Gefährten Kṛṣṇas angesehen, die mit Ihm aus Seinem inneren Reich zur Erde herabgestiegen sind und zur Zeit Caitanyas nochmals mit Ihm hinabstiegen. – Worte Kṛṣṇas zu Arjuna aus dem Ādipurāṇa: "Arjuna, um dir die Wahrheit zu sagen: Die Gopīs sind Mein Ein und Alles, Gefährtinnen und Geliebte. Sie umhegen Mich wie Gurus, sie dienen Mir wie Schüler, sie sind Gegenstand Meines Genusses, Freunde sind sie und Frauen, und was sind sie nicht noch! Sie kennen das Fühlen Meines Herzens. So wie sie, o Arjuna, kennt Mein innerstes Wesen niemand."
Über die Liebe der Gopīs (aus dem Caitanya-caritāmṛta): "Die Liebe der Gopīs ist reine fleckenlose Gottesliebe, niemals Lust. Liebe und Lust haben vollkommen verschiedene Eigenschaften, ebenso wie Eisen und Gold ihrem Wesen nach verschieden sind. Das Ziel von Lust ist lediglich selbstische Einung mit dem Gegenstand der Lust, während es das Motiv der mächtigen Prema (der Gottesliebe) ist, allein Kṛṣṇa (Gott) zu erfreuen. Alles haben sie aufgegeben und dienen liebend Kṛṣṇa."

Guṇas
Die Erscheinungsweisen der materiellen Energie, der Māyā-śakti.
1) Sattva: Tugend, Reinheit.
2) Rajas (Rajaḥ): Leidenschaft; das aktive, rastlose Prinzip.
3) Tamas (Tamaḥ): Unwissenheit, Trägheit oder Dunkelheit.

Guru
Der geistige Lehrer oder Meister, von *guru*, schwer, bedeutend, ausgezeichnet. Der wahre Guru, der sehr schwer zu finden ist, gilt den Bhaktas als erste Offenbarung Gottes, die dieser dem aufrichtigen Gottsucher zuteil werden läßt.
Der echte Guru führt den Schüler vom Leid der Ich-Bezogenheit zur Seligkeit der Kṛṣṇa-Bezogenheit.
"Man sollte wissen, daß der anweisende Guru (Śikṣā-guru) der direkte Vertreter Kṛṣṇas ist. Śrī Kṛṣṇa manifestiert Sich in zwei Formen: Als die im Innern weilende Überseele (Antaryāmī, Paramātmā) und als der beste Bhakta." Caitanya-caritāmṛta I, 1. 47. Es ist Kṛṣṇa Selbst, der Sich dem neuen Gottgeweihten durch einen reinen, ergebenen Bhakta offenbart. Rein bedeutet in diesem Zusammenhang: Rein im Vorhaben; keine anderen Absichten (direkt oder indirekt) zu verfolgen als Kṛṣṇa liebevoll dienend zu erfreuen und diese liebevoll dienende innere Haltung anderen weiter zu vermitteln. Von der materiellen Seite her betrachtet, mag ein solcher Bhakta Fehler begehen. Mit Reinheit des Herzens ist also nicht Fehlerlosigkeit gemeint, sondern allein die innere Absicht, das innere Streben, einzig und allein Kṛṣṇa erfreuen zu wollen.

Hare
1) Die vokative Form von Harā, Śrī Rādhā.
2) Die vokative Form von Hari, ein anderer Name Kṛṣṇas.
Im Hare-Kṛṣṇa-Mantra bezieht sich Hare immer auf Śrī Rādhā.
Siehe: Rādhā.

Īśa
Herrscher, Gott, von *iś*, herrschen, regieren.

Jīva; Jīvātmā
Der verkörperte Ātmā.

Jñāna
Theoretisches transzendentales Wissen und Unterscheidungsvermögen.
Bezieht sich vor allem auf das Wissen von Ātmā und Brahman.

Kāla
Die unüberwindliche und unerbittliche Zeit.
Denen, die Gott nicht lieben, erscheint Kṛṣṇa in der furchtbaren Gestalt der allwaltenden und alles verschlingenden Zeit.

Kali (masc.)
Der Herr des finsteren Zeitalters, wörtlich Streit, Zwietracht, Heuchelei, Krieg.

Kālī (fem.)
Die Göttin Durgā, die Kerkermeisterin, eine der Gestalten, in welchen sich Gottes Macht, die Māyā, offenbart.

Kaliyuga
Das eiserne Zeitalter, das finstere Zeitalter der Zwietracht und Heuchelei.
Gemäß vedischer Zeitrechnung (siehe "Vedic Cosmography and Astronomy" von Richard L. Thompson) begann das Kaliyuga (nach gregorianischem Kalender) am 18. Februar 3102 vor Christus mit dem Weggehen Śrī Kṛṣṇas von der Erde und es dauert noch ca. 426'900 Jahre.

Karma
1) Tat, Handlung
2) Schicksal, das durch die unentrinnbaren Folgen der Taten in früheren Leben herbeigeführt wird. Jede Handlung oder Unterlassung erzeugt eine entsprechende Reaktion, die sich im Laufe der fortgesetzten Verkörperungen in Form von Glück, Leid oder einer Mischung der beiden auswirkt.
"Ich verehre die Urgestalt, den Govinda (Kṛṣṇa), der das Schicksal eines jeden Wesens – vom Himmelsherrscher Indra bis zur Mikrobe – den Früchten der früheren Taten entsprechend, seinem Ziele zuführt, der aber das Karma jener verbrennt, die Ihm in Liebe hingegeben sind." – Brahmasaṁhitā.

Kṛṣṇa
Die göttliche Urgestalt, die Persönlichkeit Gottes in ihrer Fülle.
Wörtlich: Der Allanziehende.
Es heißt, daß Kṛṣṇa ewig in Seinem eigenen Reich weilt, aber auch in Gestalt des Avatāras Kṛṣṇa zur Erde herabstieg und für eine gewisse Zeit Sein ewiges Reich offenbarte. Das Wort Kṛṣṇa wird von den Bhaktas von *kṛṣ* abgeleitet, das heißt, anziehen. Das dem Namen Kṛṣṇa verwandte Wort *Ākarṣana-śakti* bedeutet die Anziehungskraft Gottes. Ākarṣana bedeutet auch Magnet. Dieser Gottesname bringt zum Ausdruck, daß Er der allanziehende Mittelpunkt aller Dinge und aller Ātmās ist. – "Kṛṣṇa, den man als

Govinda kennt, ist der höchste Herrscher. Er besitzt einen ewigen, glückseligen, spirituellen Körper voller unbegrenzter Erkenntnis. Er ist der Ursprung allen Seins. Er Selbst hat keinen anderen Ursprung, denn Er ist die urerste Ursache aller Ursachen."

Brahma-saṁhitā 5. 1

Kṛṣṇa-Caitanya

Der *verborgene Avatāra des Kaliyugas*, der wiedergekehrte Kṛṣṇa.
Er wird auch Gaura oder Gaurāṅga, d. h. der Goldstrahlende, genannt.
Kṛṣṇa-Caitanya bedeutet wörtlich: Der das Bewußtsein von Kṛṣṇa, von Gott, in den Herzen erweckt.
Die sehr melodische Bengalisprache ist gleichsam in den Fußspuren Kṛṣṇa-Caitanyas aufgeblüht. Man zählt etwas 20'000 Volkslieder zu Seinen Ehren.
Das Hauptquellenwerk für das Leben und Wirken Śrī Caitanyas ist das große Werk Caitanya-caritāmṛta, wörtlich "der Nektar des Lebens Caitanyas". Es ist in gereimten Bengalistrophen und in Sanskritstrophen abgefaßt und wurde im 16. Jahrhundert niedergeschrieben von Kṛṣṇadāsa Kavirāja aufgrund der Tagebücher und eingehenden Berichte der vertrautesten Schüler und Begleiter Caitanyas, welche die Lehrer dieses Autors waren. Die Originalhandschrift ist noch erhalten und wird in einem Tempel in Vṛndāvana aufbewahrt.
"Was die Upaniṣaden als das unpersönliche Brahman beschreiben, ist nichts als die körperliche Ausstrahlung Caitanyas, und der als Paramātmā (Antaryāmī, Überseele) bekannte Herr ist nichts als Sein lokalisiertes vollständiges Teil. Śrī Caitanya ist die höchste Persönlichkeit Gottes, Kṛṣṇa Selbst, von sechs Reichtümern erfüllt. Er ist die absolute Wahrheit, und keine andere Wahrheit ist größer als Er oder kommt Ihm gleich."

Caitanya-caritāmṛta I, 2. 5

Kṣatriya

Die verwaltende Gesellschaftsschicht. Dazu gehören Regierungsmitglieder, Polizei und Militär.

Mahātmā

Großer Ātmā, große Seele. Ehrentitel von Weisen und Gottgeweihten.
Ohne weitere Namensbeifügung bedeutet es in unserer Zeit zumeist Mahātmā Gandhi.

Manas

Siehe: Feinstoffliche Hülle.

Mantra

Lebendiges Wort, den Ātmā erweckendes Wort. Der Mantra gilt als eins mit jenem Aspekt Gottes, der durch den Mantra angerufen wird. Die Essenz des Mantra ist immer ein Name Gottes. Das Wort Mantra wird hergeleitet von *man* (denken) und *tra* (der Retter, der Befreier), also, "er rettet jenen, der ihn denkt". Der Mantra gilt als kraftlos, wenn er nicht in rechtmäßiger Initiation vom Guru empfangen wird. Im gegenwärtigen Kaliyuga liegt die einfachste Form des Gottdienens im Singen oder Sprechen des Mahā-Mantras, Hare Kṛṣṇa Hare Kṛṣṇa Kṛṣṇa Kṛṣṇa Hare Hare - Hare Rāma Hare Rāma Rāma Rāma Hare Hare, der aus drei Namen Gottes besteht. Das aufrichtige Singen oder Sprechen dieses Mantras entfaltet selbst bei jenen seine Kraft, die noch nicht vorschriftsgemäß eingeweiht sind. Die Einweihung (Initiation), bzw. die Vermittlung der richtigen inneren Haltung durch den echten Guru, wird dennoch zu einer zwingenden Notwendigkeit.

Mathurā
Die Honigstadt, uralte Stadt am Strome Yamunā, "Geburtsort" Kṛṣṇas.

Māyā
Die Macht Gottes, die Herrscherin über die Welt des Meßbaren, die Gott verhüllende Kraft, die Magd Rādhās, der Schatten Rādhās. Das Wort Māyā wird abgeleitet von *ma*, messen.
Diese Māyā drückt sich in unterschiedlicher Weise aus. Als "verhüllende Kraft" verhüllt sie das reine Bewußtsein des Ātmā im Körper. Als "fortschleudernde Kraft" schleudert sie den Ātmā vom Zentrum allen Seins (Gott) fort. Durch sie erhält der ewige und unveränderliche Ātmā ein falsches Ichbewußtsein und eine feinstoffliche (psychische) und eine grobstoffliche (physische) Hülle. Als fortschleudernde Kraft kann man die Māyā mit der Zentrifugalkraft der Physik vergleichen.
Die Māyā bewirkt nicht nur Täuschung, Unwissenheit oder Illusion. Als Prakṛti, die Gesamtheit der sichtbaren und unsichtbaren Natur, ist sie gestaltende Kraft und die Grundsubstanz aller Stoffe (Materie).

Mukti
Befreiung von den Weltenfesseln und dem Weltenleid.

Nārada
Genannt der göttliche Ṛṣi. Er gilt als Sohn Brahmās, des Schöpfers, und ist ein Gottgeweihter, der, wie man sagt, immerdar mit seiner Vīṇā die Welten von Zeit und Raum durchwandert, um den Wesen Gottesliebe zu schenken.
Aus dem Gespräch zwischen Nārada und Vyāsadeva:
"Seitdem reise ich durch die Gnade des allmächtigen Viṣṇu ohne Einschränkung überall umher – sowohl in der transzendentalen als auch in der materiellen Welt. ...Während ich so umherreise, singe ich ständig die transzendentale Botschaft der Herrlichkeit des Herrn, indem ich auf meinem Saiteninstrument, der Vīṇā, spiele, das mit transzendentalem Klang erfüllt ist und das mir von Śrī Kṛṣṇa gegeben wurde. Wenn ich so über den höchsten Herrn, Śrī Kṛṣṇa, singe, dessen Lotosfüße die Quelle aller Tugend und Heiligkeit sind und dessen Taten zu hören große Freude bereitet, erscheint Er auf dem Sitz meines Herzens – als sei Er gerufen worden."
Bhāgavatam I, 6. 31-33.

Narasiṁha oder **Nṛsiṁha**
Löwenmensch oder Geistlöwe, Avatāra Gottes, beschrieben mit Menschenleib und Löwenhaupt. Seine Verehrung ist sehr alt. Er wird dafür gepriesen, daß er mit Seinen diamantenen Klauen den Schleier der Māyā hinwegreißt. Sein Erscheinen wird sehr ausführlich im siebten Buch (Canto) des Bhāgavata-purāṇas geschildert.

Paramātmā (Paramātman)
Der höchste Ātmā, der Ātmā aller Ātmās, die Weltseele, die Überseele; Gott, der Sich in diesem Aspekt im Herzen aller Wesen und in jedem Atom befindet.

Prakṛti
Die Gesamtheit der sichtbaren und unsichtbaren Materie.

Pralaya
Weltauflösung.

Prasāda
Die Barmherzigkeit Gottes. Die sakramentale Opferspeise, das heißt jedes Mahl der Bhaktas; von *sād*, sitzen, nahe bei Gott sitzen.
Die Bhaktas sind überzeugt, daß in der Speise, die sie vor dem Mahl liebend Gott darbieten, Gott Selbst Sich ihnen liebend schenkt. Ein solcher Bhakta wird niemals sagen: "Ich esse", sondern "ich nehme (ehre) den Prasāda". Die wörtliche Übersetzung des Wortes Prasāda ist Gnade, göttliche Gnade.
"Der Herr (Śrī Bhagavān) sprach: Wer Mir mit Liebe ein Blatt, eine Blume, eine Frucht oder auch nur ein wenig Wasser darbietet, dessen liebende Gabe nehme Ich an. Alles was du tust, alles was du issest, was du opferst, was du hinschenkst, was du übst in Askese und Meditation, das alles tue in Hingabe an Mich."

Bhagavad-gītā 9. 26-27

Prema
Selbstlose spontane Gottesliebe.

Puruṣa
Wörtlich: Herrscher.
Siehe: Viṣṇu.

Puruṣottama
Wörtlich: Höchste Person.

Rādhā
Die Freude Gottes als Gestalt in Gottes innerem Reich, von *rādh*, liebend verehren. Sie offenbart sich auf Erden als eine der Gopīs, namens Rādhā.
"Śrīmatī Rādhikā (Rādhā) ist die Umwandlung von Kṛṣṇas Liebe. Sie ist Seine innere Energie, die man Hlādinī nennt. Diese Kraft der Hlādinī schenkt Kṛṣṇa höchste Glückseligkeit und sie nährt (durch ihre Freudenkraft) Seine Geweihten."

Caitanya-caritāmṛta I, 4. 59-60

Rāma
Wörtlich: Der Freudegeber, Quelle aller Freude. Avatāra Gottes.

Ṛṣis
Die Urlehrer der Menschheit.

Saṁsāra
Die Wandelwelt, die vergängliche Welt des immer erneuten Geborenwerdens und Sterbens. Das Rad der Wiedergeburt, der Kreislauf von Geburt und Tod.

Sanskrit (saṁskṛta)
Die Kult- und Kunstsprache des alten Indien. Von Sanskrit und Prakrit stammen Hindi, Bengali, Marathi, Gujarati und andere heute in Indien gesprochene Tochtersprachen des Sanskrit ab. Die Sprache Urdu, die von vielen Mohammedanern in Indien gesprochen wird, ist Hindi mit Beimengungen von persischen und arabischen Worten, nur die Schrift ist verschieden, sie wird von rechts nach links geschrieben wie das Hebräische und nicht von links nach rechts wie die indogermanischen Sprachen. Urdu bedeutet eigentlich Sprache der Basare und des Marktes.
Auch Pali, die heilige Sprache des südlichen Buddhismus ist eine Tochtersprache des Sanskrit. Und auch die alten historischen und kultischen Schriften in Burma, Siam usw. sind in Sanskrit verfaßt. Der indische Kulturkreis erstreckte sich einst weit über die Länder Hinterindiens und die Inselwelt von Indonesien.
Die tamilischen Sprachen im Süden Indiens sind nicht Tochtersprachen des Sanskrit, aber stark mit Sanskrit durchsetzt.

Śakti
Die Macht (Energie oder Kraft) Gottes, von *śak*, können.

Śaṅkarācārya
Philosophischer Genius, etwa 800 nach Christus in Südindien geboren. Er überwand die Kirchenspaltung (zw. Hindus und Buddhisten), die Indien zerriß und führte die indischen Buddhisten wieder in die Gemeinschaft der den Veda anerkennenden Hindus zurück. Manche nennen seine Lehre "Buddhismus in Verhüllung". Die Essenz seiner Lehre: Das Brahman ist real. Das Weltall ist nicht real. Das Brahman und das innere Selbst (Ātmā) jedes Wesens sind eins. Die Śāstras beschreiben ihn als Inkarnation Śivas, der kam, um den Veden wieder Anerkennung zu verschaffen.

Sarasvatī
Einer der sieben heiligen Ströme Indiens. Die Sarasvatī ist ein mit den irdischen Augen nicht sichtbarer Strom, der Strom der Weisheit. Man sagt, daß sich dieser unsichtbare Strom bei der alten heiligen Stadt Prayag oder Trivedi (heute Allahabad) mit den beiden anderen heiligen Strömen Indiens Gaṅgā (Ganges) und Yamunā (Yumna) vereinigt.
Sarasvatī heißt auch Sprache, Stimme, Gelehrsamkeit, es ist der Name der Göttin Weisheit, Sarasvatī Devī, der Ehefrau Brahmās.

Śāstra
Unter Śāstras werden jene Texte verstanden, die als nicht menschlichen Ursprungs (apauruṣeya) gelten und die entsprechend Bṛhad-Āraṇyaka-Upaniṣad II,4.10 von Gott ausgeatmet wurden. Dazu gehören die vier Veden mit den Upaniṣaden, sowie der sogenannte *fünfte Veda*, das sind die Itihāsas (Chroniken) und die Purāṇas, ferner die Pañcarātras und die Sūtras. Außerhalb dieser Śāstras im eigentlichen Sinn stehen die Schriften späterer Meister, die zuweilen ebenfalls als Śāstra bezeichnet werden.
Kṛṣṇa sagt:
"Wer die Anweisungen der Śāstra mißachtet und nach seinen eigenen Launen handelt, erreicht weder das, was er sich erhofft, noch Glück, noch das höchste Ziel. Man sollte daher anhand der Beweisführung der Śāstra lernen,

was der Mensch tun und was er lassen soll. Wenn man diese Erklärungen kennt, sollte man so handeln, daß man allmählich erhoben wird."

Bhagavad-gītā 16. 23-24.
Siehe: Veda.

Śiva
Auch Rudra, oder Mahādeva, d. h. der "große Gott" genannt, der Herr der Yogīs, der den Schleier der Welt hinwegnimmt. Eine Teilerweiterung Viṣṇus; er gilt als der größte Bhakta Kṛṣṇas; von *śiva*, selig, selig machend.

Śrī
1) Reichtum, Heiligkeit, Reichtum an Liebe,
2) Beiname Lakṣmīs, der Göttin des Reichtums.
3) Beiname Rādhās.
4) Wort, das den Namen verehrungswürdiger Personen und Schriften vorangesetzt wird.

Śūdra
Angehöriger der vierten der vier vedischen Gesellschaftseinteilungen. Handwerker, Arbeiter, Angestellte der drei anderen Gruppen.

Śuka
Der Sohn Vyāsadevas, der Sprecher (Sänger) des Bhāgavata-purāṇas.
Wörtlich Papagei. Śuka sang nach, was ihm der Vater vorgesungen hatte.

Svāmī
Meister oder Herrscher (seiner Sinne); einer, der sein ewiges Selbst (sva) kennt; einer, der das Selbst besitzt oder danach strebt, es zu besitzen; ein Mönch, der den Drang des Redens, des Zornes, des Geistes, des Magens, des Genitals und der Zunge beherrscht.

Upaniṣad Geheimlehre, die als Essenz des Veda gilt, von *ṣad*, sitzen, nahebei sitzen, nahe dem Guru sitzen, der die geheime Weisheit dem begierigen Schüler mitteilt.

Vaiśya
Die dritte der vier vedischen Gesellschaftsschichten; die Gruppe der Händler, Bauer.

Vāsanās
Eindrücke von Lust (Zuneigung) und Haß (Abneigung) im Citta, die aus vielen verschiedenen Leben stammen. Man unterscheidet zwischen:
1) Sat-Vāsanās: Sattvahafte Eindrücke, die – ohne daß man sich darüber bewußt ist – in uns aufsteigen und uns inspirieren, uns selbst mit sattvahaften Dingen und Tätigkeiten zu beschäftigen.
2) Asat-Vāsanās: Rajas- und tamashafte Eindrücke, die unser falsches Ich-Bewußtsein stärken und die nicht zur Befreiung (Mukti) des Ātmā führen.
3) Bhakti-Vāsanās: Alle Eindrücke im Citta, die aus der regulierten Hingabe (Sādhana-Bhakti) stammen. Diese Bhakti-Vāsanās sind ein kostbares Gut, denn sie gewähren dem Ātmā eine erneute Geburt als Mensch und dadurch eine neue Gelegenheit zu noch besserem Gottdienen.

Veda (Vedische Schriften)
Das heilige Wissen. Von *vid*, wissen.
Der Veda gilt als *apauruṣeya*, übermenschlich. Das heilige Wissen ist ewig, es existierte schon vor der Schöpfung und es wird auch nach der Vernichtung aller Universen weiterbestehen, so heißt es. Die Veden gliedern sich in vier Abteilungen:
1) Ṛg-Veda, der Veda der Verse,
2) Sāma-Veda, der Veda der Gesänge,
3) Yajur-Veda, der Veda der Opfersprüche,
4) Atharva-Veda.
Die Upaniṣaden oder Vedānta (Ende des Veda) sind ein Teil des Veda. Außer den genannten Schriften des Veda im engeren Sinn oder Śruti (Offenbarung durch den göttlichen Klang), zählen die Inder zum Veda noch eine größere Anzahl weiterer Schriften, die sie Smṛti (Erinnerung) nennen. Dazu gehören nach Madhusūdana Sarasvatī (1100 nach Chr.) Schriften über Lautlehre, Dramatik, Erklärung der Mantrabegriffe, ein Wörterbuch über die Synonyme, Schriften über Metrik, Astronomie, Zeremoniell, Hausleben, Initiation, Logik, Opfer, Recht und Sitte, Geschichte, Yoga, Gottesverehrung, Medizin, Liebesleben, Kriegswissenschaft, Gesang, Tanz, Musik, Lebensklugheit, Pferdebehandlung, Handwerk, Kochkunst und die "übrigen vierundsechzig Künste" usw. Vor allem gehören noch dazu die den Veda erklärenden achtzehn Purāṇas (Das Wort Purāṇa heißt alt, von den Caitanya-Bhaktas wird es mit *purna,* göttliche Fülle, in Zusammenhang gebracht). Von den Purāṇas stehen den Bhaktas das Bhāgavata-purāṇa, Viṣṇu-purāṇa, Padma-purāṇa, Nāradīya-purāṇa, besonders nah. Auch die Bhagavad-gītā oder Gītā-upaniṣad steht dem Bhakta sehr nah.
Gott sprach: "Im Laufe der Zeit, zur Zeit der Weltauflösung, ist die Stimme, (die Sprache, das Wort) die als Veda bekannt ist, verlorengegangen. Sie wurde zuerst von Mir dem Brahmā, dem Schöpfer gelehrt. Von ihm wurde es seinem Sohne Manu überliefert und von diesem den anderen großen Ṛśis." Bhāgavatam, Uddhava-gītā.
Siehe: Śāstra.

Viṣṇu
Wörtlich: Der Alldurchdringende.
Der die Welt erhaltende und tragende und beschirmende Aspekt Gottes. Man unterscheidet drei Aspekte Viṣṇus, der, nach Anschauung der Veden, selbst wieder von Kṛṣṇa ausgeht:
1) Mahā-Viṣṇu, das heißt der große Viṣṇu. Er weilt im "Ozean aller Ursachen". Zur Zeit der Schöpfung entströmen seinem Körper Myriaden von Universen, die, erregt durch die Kraft Seines Blicks, mit unzähligen Ātmās befruchtet werden. Das ist das Anheben der Schöpfung. Die Aussendung der Kraft seines Blickes bedeutet das Aussenden der Ātmās, der ewigen Seelen, in das Reich der Māyā. Wenn die Schöpfung wieder aufgelöst wird, gehen all die Universen in unmanifestierter Form wieder in Seinen Körper ein. All die Ātmās, die bis zu diesem Zeitpunkt noch immer in der Welt der Māyā verstrickt sind, gehen ebenfalls in Seinen Körper ein, um dort in einem tiefschlafähnlichen Zustand zu ruhen, bis die Zeit zur nächsten Schöpfung naht.
2) Ein vollständiger Teil (Erweiterung) von Mahā-Viṣṇu, Garbhodakaśāyi-Viṣṇu, steigt, ohne daß Seine Fülle gemindert wird, in das Reich der Māyā hinab, in jedes einzelne von zahllosen Universen. Aus seinem Nabel wächst,

der Überlieferung zufolge, ein mystischer Lotos hervor, in welchem Brahmā, der Schöpfer und Ordner aller Planeten und Wesen im Universum, zum Leben erwacht.
3) Ein weiterer vollständiger Teil Mahā-Viṣṇus wird als der im "Milchmeer" weilende Viṣṇu, Kṣīrodakaśāyi-Viṣṇu, bezeichnet. Dieser Viṣṇu stützt und trägt das Universum. Er wohnt in jedem Herzen als der Zeuge des leisesten Gedankens und Er weilt in jedem Atom. Er ist auch als Paramātmā bekannt.
"Viṣṇu hat drei Formen, die man Puruṣas nennt. Der erste, Mahā-Viṣṇu, ist der Schöpfer der gesamten materiellen Energie (mahat-tattva); der zweite ist Garbhodakaśāyi-Viṣṇu, der in jedem Universum weilt, und der dritte ist Kṣīrodakaśāyi-Viṣṇu, der im Herzen eines jeden Lebewesens weilt. Wer diese drei kennt, wird aus den Klauen Māyās befreit." – Sātvata Tantra.

Vyāsadeva
Ein großer Ṛśi, der auch als Avatāra (Śakti-Āveśa-Avatāra) angesehen wird. Vyāsa gilt als Verfasser oder Ordner der Veden, des Epos Mahābhārata, zu dem die Bhagavad-gītā gehört, der Purāṇas einschließlich des Bhāgavatapurāṇa oder Bhāgavatams und der Brahmasūtras, welche in knappster Fassung die Essenz der Upaniṣaden enthalten.

Yajña
Opfer.
Das einfachste und zugleich erhabenste Opfer im gegenwärtigen Zeitalter ist das Saṅkīrtan-yajña, das Opfer des gemeinsamen Singens der heiligen Namen Gottes.
Siehe: Mantra.

Yamunā (heute Yumna)
Heiliger Strom, entspringt im Himalaja und vereinigt sich bei Prayag (Allahabad) mit der Gaṅgā (Ganges). Der Strom Yamunā spielt eine große Rolle in der Jugendgeschichte Kṛṣṇas.

Anmerkung des Herausgebers

Dieses Buch von Walther Eidlitz erschien 1974 im Walter-Verlag, Olten. Auf der Suche nach dem Besitzer der Rechte, mussten wir feststellen, dass der Walter-Verlag seine Tätigkeit eingestellt hat. Es ist uns nicht gelungen herauszufinden, wer heute im Besitz der Rechte dieses Buches ist.

Es ist uns ein grosses Anliegen, dieses wertvolle Werk wieder der Öffentlichkeit zugänglich zu machen. Sollte aufgrund dieses Druckes der wahre Besitzer gefunden werden, bitten wir ihn, mit uns in Kontakt zu treten, um eine gütliche Regelung zu finden (Entschädigung entsprechend der Auflage oder Kauf der Druckrechte).